洋服の選び方

自分に似合う、
洋服のかたちと色がわかる

植村美智子

マイナビ

はじめに

スタイリストの植村美智子です。
雑誌や広告の仕事をしながら、個人の方と一緒にお買い物をしたり、
お手持ちのアイテムを拝見する、コーディネートサービスも行なっています。

そのサービスには、いろいろな悩みを持った方からのお申し込みがありますが、
みなさん同じなのは「おしゃれになりたい！」という気持ち。
大人になればなるほど、感覚だけでファッションを成り立たせるのは
難しくなっていきます。

気分よくおしゃれを楽しむには、
今の自分とちゃんと向き合うことが必要です。
自分がどうなりたいのかをイメージし、
どんなアイテムが似合うのか、どんなスタイルが必要なのかを
はっきりさせなければいけません。

その手がかりをつかみ、
おしゃれ迷路から抜け出すお手伝いができればと、
この本を作りました。

ファッションはテンションを上げてくれるもの。
みなさんが、気分よく毎日を過ごせるよう、お役に立てると嬉しいです。

※本書は『洋服の選び方 自分に似合う、洋服のかたちと色がわかる』（２０１６年小社刊）を再編集し、文庫化したものです。本書の記載は２０１６年の情報に基づいております。

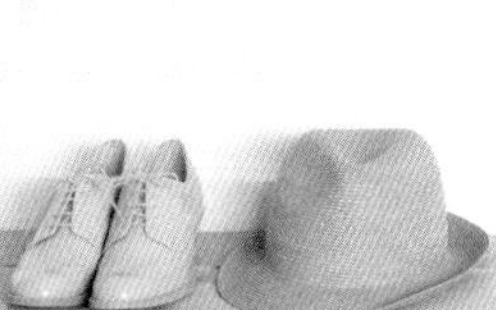

この本の使い方

大人の女性に必要なのは、
いまの自分をしっかり見つめて、
どうなりたいかをイメージすること。
この本では、“いまの自分”、
“自分のなりたい”をものさしに、
必要なアイテム、似合うスタイルを
見つけることができます。

この本は、アイテム選び、スタイリング作りの参考に使うことができます。

アイテムを選ぶ

スタイリングを選ぶ

本書は、大人の女性に向けたワンランク上の
カジュアルスタイルを提案しています。
おすすめのアイテム、そのアイテムを使って作る
おすすめのスタイルを紹介しています。

1 自分はどのタイプ?
必要なアイテムは?
目指すスタイルは?

それぞれのアイテム、スタイリングには、
「体形」「シチュエーション」「印象」の
3つのカテゴリーに沿って
おすすめのアイコンを表示しています。

【体形】

T 背が高い　大柄

S 背が低い　小柄

XS 華奢

L ふくよか

【TPO的シチュエーション】

O オンタイム・オフィス

Tw オフタイム・タウン

P オフタイム・パーク

【印象】

Fe フェミニン

Ma マニッシュ

A アクティブ

All すべての方におすすめ

背が高い方、大柄の方なら「T」、
お仕事のシチュエーションなら「O」、
フェミニンな方、フェミニンな雰囲気を目指すなら「Fe」、
自分のスタイルや、目指すスタイルから、
チェックすべきアイコンを選びます。
自分のアイコンはひとつとは限りません。

2 自分のアイコンに沿って、アイテムとスタイリングをチェックします。

シャツやパンツなどの各アイテムから、
自分が似合うものはどんなタイプかをアイコンを手がかりに
チェックしていきます。

必ずすべてのアイテムを揃える必要はありません。
似たようなアイテムがあれば、それを代用すればいいのです。

お気に入りのアイテム、スタイリングにアイコンがなくても、
靴を変えれば、ボトムのシルエットを変えれば、
ぴったりハマることもあります。
コーディネート作りの参考にしてください。

MIX & MATCH

このマークのついているものは、
次のページの「着こなし方」で
使用しているアイテムです。

3 さあ、
コーディネートしてみましょう。

手持ちの服で新しい組み合わせを楽しんだり、
小物を足しておしゃれアップを目指したり、
ガラリとイメージチェンジをするのもいいでしょう。
いまの自分に似合うおしゃれが見つかれば、
毎日がもっと楽しくなるはず！

目次

※記載されている情報は２０１６年３月時点のものです。商品の取り扱い、店舗情報など、変更になる場合もございます。
※掲載商品は売り切れや販売終了の可能性もございます。あらかじめご了承ください。
※掲載商品のなかには、著書私物、読者モデル私物などもございます。

Part 2

Part 3

Part 4

Part 1

基本アイテムの選び方、着こなし方

ワードローブの基本となるアイテムと、その着こなしを紹介します。
アイテムをすべて揃える必要はありません。
自分が理想とするイメージに必要なものを探してみましょう。

基本アイテム ❶

STANDARD SHIRTS

［スタンダードシャツ］

着こなしをピリッと引き締めるシャツの力

「シャツ」とひとくちに言ってもタイプはさまざま。白シャツからチェックのシャツまで、素材、色、柄によって表情が異なります。まずは自分のスタイルに合うスタンダードなシャツを選びましょう。

着こなしに一枚足すだけで、ピリッとした要素が加わるシャツ。マニッシュなスタイルはもちろん、ボタンの開け方、デコルテの見せ方、アクセサリーの使い方でフェミニンなスタイリングも可能に。生地はコットンやリネンなど、洗いざらしで着ても様になるものが着回し力も高くておすすめ。丈は腰骨が隠れる長さなら、一枚で着ても、重ね着をしてもきれいに決まります。

MIX & MATCH

TYPE 1

ストライプシャツ

All

幅広い層の方にもおすすめなのが、細ピッチのストライプシャツです。縦縞が生地に奥行きを与え、着こなしに立体感が生まれます。光沢感のあるコットン素材なら、オフィスからプライベートまで幅広いシーンに対応可能。襟や裾、袖口がのぞくだけでも表情豊かに。

TYPE **2**

白シャツ

All

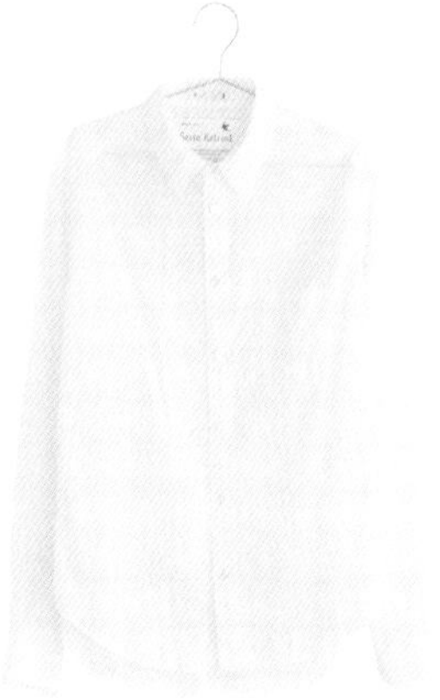

白シャツを選ぶときに気をつけたいのは生地感です。ツヤッとした生地では制服のように見えてしまい、おしゃれに着こなすのが難しくなってしまいます。大人の女性には、洗いざらしで着ても様になる、薄手のコットンがおすすめ。ほどよい透け感が女性らしいシャツスタイルを作ります。

TYPE **3**

チェックシャツ

T XS O Tw P Fe Ma A

着こなしのポイントとなるチェック柄のシャツ。注意すべきはシャツの裾。裾をアウトにしたとき、きれいに着ることができるラウンドタイプがおすすめです。オーバーサイズのものはカジュアル感が増してしまうので、ほどよくフィットするものがいいでしょう。

TYPE 4

スタンドカラーシャツ

T S XS O Tw P Ma A

ノームコアファッションの影響で、再注目されているシャツです。襟がない分、首まわりはすっきり、マニッシュな雰囲気で着こなせます。ボタンを全部留めてきちんと、ひとつ開けてカジュアルに、羽織ってリゾート風に、フロントの表情を変えるだけで幾通りにも着こなせます。

着こなし方

一枚で着て、上に羽織って、
襟や裾をのぞかせて、
着こなしをピリッとさせる、
基本のシャツの使い方をマスターしましょう。

T S O Tw Fe

スカートと合わせてレディライクに

シャツを主役にした着こなしです。張り感のあるギャザースカートにシャツをイン。それだけで清潔感のある女性らしい着こなしの完成です。ウエストをベルトでマークすれば、メリハリのあるスタイルに。シャツのボタンは一番上まで留めると、きちんと感を演出できます。レディに仕上げるためには、足元への配慮もお忘れなく。ソックス×パンプスでさり気なくトレンドを意識したスタイルに。素足が苦手な方はタイツを。

T S XS L O Tw Ma

スタイリッシュなパンツスタイル

シャツ×スラックス、ともするとマニッシュに偏りがちな組み合わせですが、きれい色のカーディガンとクラッチバッグを合わせることで、女性らしいスタイルに昇華します。足元はエナメル素材のローファーを合わせて、きちんと感を演出。オフィスからショッピングまで幅広いシーンに対応できるスタイルです。靴をヒールパンプスに変えて、さらにフェミニンさをプラスするのも素敵です。

T XS L Tw P Ma A

リラックスムード漂うカジュアル

デニムジャケットのインナーにカットソーを合わせると、よりカジュアルスタイルになりますが、シャツ襟をのぞかせることできちんと感がアップします。足元はすっきりとしたシルエットを持つスリッポンで軽快に。仕上げのハットは、靴と同系色が合わせやすいでしょう。ローファーやオックスフォードシューズを合わせる場合は、シャツの裾をパンツインにして、よりきちんと感の強いカジュアルスタイルを意識します。

T S XS L Tw P A

ホリデーカジュアル

どんな体形の方にも似合うカジュアルスタイルです。シャツ、デニムスカート、スニーカー、相性のいい3アイテムですが、学生っぽくなりがち。透け感のあるニットを投入して、やわらかい女性らしさを加えましょう。足元は、肌寒い季節はタイツを添えて。暖かくなったら素足＋スニーカーソックスで。ナチュラルストッキングの質感は、カジュアルスタイルには不向き。たちまちおばさん臭くなってしまいます。

基本アイテム❷

BLOUSE

［ブラウス］

アイテムの選び方

大人かわいいをさり気なく作る、やさしいアイテム

やわらかな雰囲気を作るブラウス。フリルやレースをあしらったものや、ギャザーをたっぷり配したものをイメージしがちですが、大人の女性にはすっきりフェミニンなものをおすすめします。

ブラウスには「ベース」と、「効かせ」の2種類があると考えられます。「ベース」として着るものは、それ一枚でコーディネートが完成する、てろりとした無地系のものを。「効かせ」として着るものは、ジャケットやカーディガンのインナーとして、コーディネートに柄や質感をプラスするものを。どちらも大人の女性らしい愛らしさを引き出す便利なアイテムです。

TYPE **1**

ホワイトブラウス

T S XS L O Tw Fe Ma

とろみ素材の白いブラウスは、お客様によくおすすめするアイテムのひとつです。デザインボタン付きならアクセサリーをしなくてもスタイルが作りやすく、とろみ素材が女性らしい表情を醸し出します。真っ白ではなく、落ち着きのあるアイボリーがきれいに馴染みます。

TYPE **2**

レースブラウス

All

デニムと、スカートと、トレンチと、合わせるアイテムを選びません。ジャケットやニットと重ねてチラ見せしてもよく、レースの質感は少ない分量でも女性らしさをアピールできます。裾はストレートラインより、レースに沿ってリズムのあるものを。色は真っ白では少女風になってしまうので、艶感のないアイボリーやベージュを選んで。

TYPE **3**

MIX & MATCH

ボックスブラウス

T S XS O Tw Fe

てろり、落ち感の美しいブラウスは、着こなしに女性らしさを与えてくれます。体のラインを拾わない生地感と、ゆとりのある身幅で、気になるお腹まわりをカバー。七分袖なら、年齢の出やすい肘まわりもさり気なく隠します。やや詰まり気味のラウンドネックならクラシカルな雰囲気に。落ち着きのあるカラーで、甘さを抑えます。

TYPE 4

プリントブラウス

T S XS L O Tw P Fe A

「効かせ」で取り入れたい、プリントのブラウスです。ロゴなどのポップなプリントは避け、やさしいボタニカル柄を選びましょう。カーディガンやジャケットからプリントをのぞかせるだけで、着こなしに華やぎを添えることも。サイドスリットや、前後で異なる着丈など、一枚できれいに着られるディテールだとなおよし。

着こなし方

トップスにやわらかな質感、
シルエットを加えるだけで、
いつものボトムがたちまち女性らしく。
小物使いまで気を抜かないで。

T XS L O Tw Fe Ma

カジュアルなフェミニンスタイル

ブラウス×ガウチョパンツの、上下ゆったりとしたシルエット。そのままではボヤけた印象になるので、小物選びにひと工夫。濃色のショルダーバッグと、ポインテッドトゥパンプスで着こなしをピリッと引き締めて。仕上げにパールのネックレスを合わせて、顔まわりを明るく、華やかに。女性ならではのパンツスタイルの完成です。

T S XS O Tw Fe

+デニムのアクティブカジュアル

ソフトな印象のブラウスと、ハードな印象のデニムボトム。相反するイメージの組み合わせは、お互いを上手に引き立て合います。女性らしいイメージを軸に、アクセサリー代わりにクラッチバッグをオン。足元はソックスとパンプスを組み合わせて、レディとガーリーの中間を狙います。普段マニッシュなスタイルが多い方でもトライしやすい着こなしです。

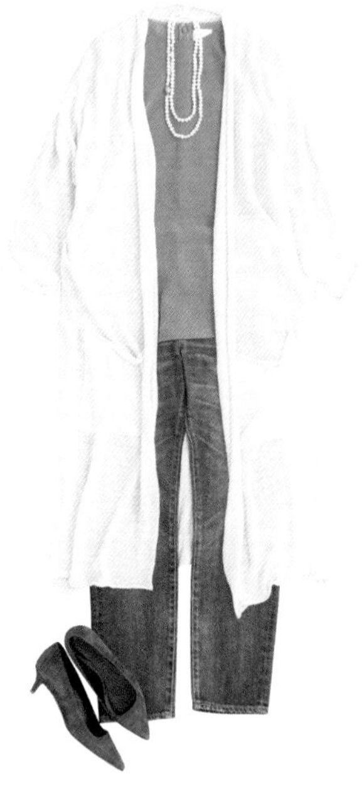

T XS L Tw Fe Ma A

リラックスした大人カジュアル

デニムパンツとブラウスの鉄板コンビ。ここにロングアウターをプラスして、一気にいま風のスタイルに！ゆるり女性らしいトップスには、デニムパンツを合わせて、こなれ感のあるカジュアルスタイルを演出。パンツの裾はフルレングスでは重たくなってしまうので、クロップド丈、もしくはロールアップで足首を露出すると、ヌケ感も出てまとまりがいいでしょう。

T S XS L Tw P Fe Ma A

ゆるり、モード感を添えて

とろみのある素材同士を組み合わせた、モード感漂う着こなしです。ブラウン×チャコールで落ち着いた雰囲気。ゆるゆるとしたシルエットの足元は、白いレザースニーカーで軽快に。仕上げはナチュラル素材の中折れハット。レディな要素を加えることで、こなれ感が生まれ、クラスアップな着こなしに。

基本アイテム❸

SIMPLE KNIT

［シンプルなニット］

カットソー感覚で取り入れたい シンプルなニット

若いころは、Tシャツやカットソーを主役にしたコーディネートが得意だったのに、最近は何だかしっくりこない、カジュアルすぎる、と感じたことはありませんか？年齢を重ねることで体のラインや肌の質感が緩くなって、フラットなTシャツに負けてしまうのが原因と考えられます。

そんな方はニットにスイッチしてみましょう。生地に立体感のあるニットは、体形を拾わずにこなれ感を演出してくれます。襟がない分、首が長く見えるのでバランスよくまとまるという利点も。色は、コーディネートの主役になるような、自分の好きな色、似合う色を選んで。

MIX &
MATCH

TYPE 1

V ネックニット

All

お客様によくおすすめする、シンプルなVネックニットです。毎日使える薄手生地と、シャツを下に重ねられるほどよいゆとりがポイント。ネックラインはデコルテがきれいに見えるものを。開きすぎはインナーに悩むので、一枚で着られる、上品な開き具合が目安です。

TYPE 2

クルーネックニット

(All)

ほどよいシャリ感と滑らかなドレープで体形カバーも期待できるシルク混のコットンニット。デコルテを上品に見せるネックラインのものなら、カジュアルはもちろん、オフィスにも対応可能。上品なシルク混のアイテムは、おしゃれへの意識が高そうに見えるので、一枚あるととにかく便利なアイテムです。カットソー感覚でどうぞ。

TYPE 3

ノースリーブニット

T S XS Tw P Ma A

体にフィットするタイプのざっくり編みニットは着膨れしやすいのであまりおすすめしていませんが、ノースリーブニットは別です。ベストっぽい感覚で白シャツやTシャツを下に重ねると、ニットの凹凸が着こなしを立体的に演出。のっぺり感を回避し、こなれ感のある着こなしが手軽に完成します。

TYPE 4

ローゲージニット

All

ざっくりとした編み地のニット（ローゲージニット）は、身幅のゆったりしたオーバーサイズのものを選びましょう。デニムやチノパンなどカジュアルなボトムを合わせても、女性らしいやわらかな雰囲気を作ります。透け感のあるものを選べば、きれいな色のインナーを合わせるなど、レイヤードを楽しむこともできます。

着こなし方

シンプルなVネックニットは、
着こなしのベースとなる使えるアイテムです。
レイヤードができるサイズ感を選ぶと、
着こなしの幅が広がります。

T XS L Tw P Ma A

ルーズシルエットの着こなし

ワイドパンツを合わせたルーズな着こなしです。どちらもブルー系でまとまりはいいのですが、フラットになりがち。インナーとして差し込んだ白いカットソーが、ニットとデニムの色を引き立ててメリハリのあるコーディネートに。やわらかな表情に見せる丸メガネをひとつプラスするだけで、おしゃれ感が高まります。背が低い方は細身のデニムでトライして。袖をまくってこなれ感を演出するのも素敵。

T S XS L Tw P Fe

+スカートでガーリーカジュアル

着方にひと工夫を加えるだけで、シンプルなニットが表情豊かに変化します。Vネックニットを全体に後ろに抜いて前上がり気味に着ると、シルエットに丸みが出てより女性らしく。そこへチュールスカートを合わせれば、こなれ感のあるワンツーコーディネートの出来上がり。足元はスニーカーでカジュアルに仕立てて。いつものニットがベースなので、ガーリースタイル初心者の方にもおすすめの着こなしです。

T S XS O Tw Fe Ma

きれいめのゆったりスタイル

ガウチョパンツを合わせたゆったりシルエットの着こなしですが、白いパンツを合わせることでさわやかな印象に。首元には、シルクの素材感が上品さを添えるスカーフをくるり。足元にカッチリとしたポインテッドトゥのパンプスできちんと感を加えれば、オフィスにも対応できるきれいめカジュアルの出来上がり。全体のシルエットが重めのときは、ヘアスタイルをまとめるなどしてバランスをとって。

S XS L O Tw Ma A

ガーリーなトラッドスタイル

トラッド色が感じられるVネックニットとシャツの組み合わせ。ほどよくゆとりのあるサイズ感なら、インにシャツワンピースを合わせたレイヤードスタイルも楽しめます。シャツワンピースだけではボトムラインが気になる……という方は、白い細身のパンツとの重ね着を。細身のデニムパンツを合わせると、カジュアル感が強まります。

基本アイテム❹

CARDIGAN

［カーディガン］

効かせるカーディガンと重ねるカーディガン

まずは「効かせるカーディガン」なのか、「重ねるカーディガン」なのかを考えます。「効かせるカーディガン」は、インパクトのある色や素材感のものを。肩にかけたり、閉じて着るならクルーネックタイプがおすすめです。

「重ねるカーディガン」は、実用性を考慮してベーシックカラーのものを。袖を通してフルオープンで着るならVネックタイプが襟元もきれいに決まります。

カーディガンというとベーシックカラーを選びがちですが、コーディネートに変化をつけやすいカラフルなもの、素材にインパクトのあるものもおすすめです。

MIX & MATCH

TYPE 1

シルバーカーディガン

(All)

ベーシックカラーのカーディガンに、プラスワンアクション。光沢のある銀糸で編まれたものなら、コーディネートに奥行きが生まれ、ワンランク上の着こなしに。グレーに近い色合いなので、プライベートはもちろん、オフィスや、お食事シーンにも対応できます。薄手素材なら3シーズン対応可能。

TYPE **2**

デザインカーディガン

T S XS L O Tw P Ma A

「手持ちの服に対してカーディガンが地味に感じて……」というお客様もいらっしゃいます。そんなお悩みを解決してくれるのが、デザイン性のあるカーディガンです。パッと見はベーシックなデザインですが、身幅が広かったり、後ろ身頃に異素材を配していたり、裾がアシメトリーになっていたり……。気の利いたデザインのものなら、個性的なファッションにもよく合います。

TYPE **3**

カラフルカーディガン

All

カラフルなカーディガンをひとつ着こなしにプラスするだけで、印象が一気に華やぎます。色物に抵抗がある方も、まずは肩かけからトライしてみると意外と取り入れやすいでしょう。オールシーズン使えるコットン素材も、ピマコットンのような滑らかでシルクのような光沢を持つものなら、幅広いシーンで活用できます。

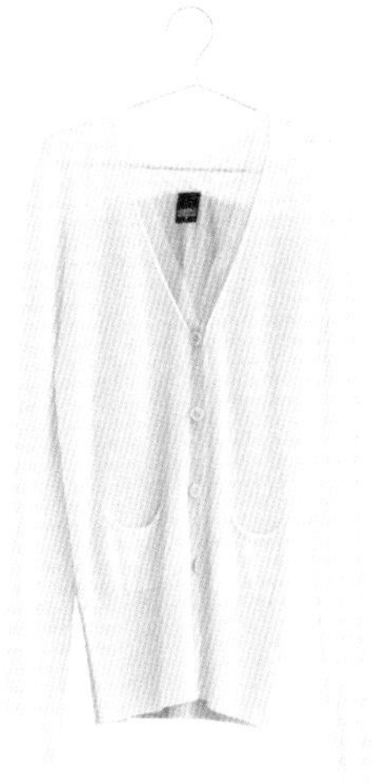

TYPE 4

フェミニンカーディガン

(All)

薄手で透け感のある、しなやかな素材のカーディガンは着こなしにフェミニンな要素を加えます。ボタンをフルオープンにしたときに、前立てがY字を描かず真っすぐなラインを作るものがおすすめです。明るいトーンのものを選べば、さらに軽やかに。マニッシュなスタイリングでも合わせるだけで、着こなしがやわらかくなります。

着こなし方

幾通りにも楽しめるカーディガンの着こなし。
肩にかけて、羽織って、ボタンを留めて……、
着回し度はピカイチ。

T S XS O Tw Fe

レディな肩かけ

肩かけは格好つけているわけではありません。カーディガンの色や素材を、さりげなく効かせるという狙いがあります。たとえばきれい色のワンピースにシルバーの光沢感を、無地のカットソーにカラフルな色を、アクセサリー感覚でプラスします。このとき、カーディガンのボタンをすべて留めておくと、前から見ても後ろから見てもきれいな着こなしに。

T S XS L Tw P Ma A

フロントをオープンして

スウェット素材のトップスと、カジュアルパンツだけではラフすぎますが、ここへ光沢を持つカーディガンを添えるだけで、きちんと感がアップします。袖口は全体を見ながらくるくるロールアップ。手首、足首を露出してヌケ感とバランスを整えます。スリッポンとハットを足せば、おしゃれなワンマイルウェアの完成。

T S L O Tw Fe Ma

肩のせでコンサバに

白いブラウス、白いパンツ、白いバッグに白い靴。ベースは白のワントーンコーディネートです。そこへブラウスのプリントと同系色のシルバーのカーディガンを投入。カーディガンの袖は通さず、肩から羽織るだけ。女性ならではの取り入れ方で、クール&フェミニンなスタイリングを楽しんで。

S XS L Tw P Ma A

ボタンを止めてプルオーバー風

ボタンを留めて、クルーネックニット風にアレンジ。デニムスカートを合わせたベーシックな装いですが、ニットに響かないインナーを裾からのぞかせたり、ヌケ感を演出するメガネを合わせたり、一歩先ゆくテクニックを散りばめて。ボタンはすべて留めるとウエストまわりが窮屈に見えるので、一番下のボタンを開けて心地よいバランスを作ります。

基本アイテム❺

DECENT PANTS

［きれいめパンツ］

おしゃれの印象を左右する きれいめパンツの実力

大人の女性のカジュアルファッションは、どこか〝きちんと感〟を持たせることが大切です。そこでおすすめなのが、きれいめパンツです。艶やかな生地感や、センタープレスの立体感があるパンツは、いざというときに役に立つ心強い味方です。

カジュアルなトップスやスニーカーを合わせても、きれいめパンツなら上品な印象をキープします。きれいめのトップスを合わせれば通勤やお呼ばれにも対応可能。

トップスの印象でコーディネートを決めがちですが、おしゃれはトータルコーディネート。面積の大きいパンツがテイストを左右することもお忘れなく。

MIX & MATCH

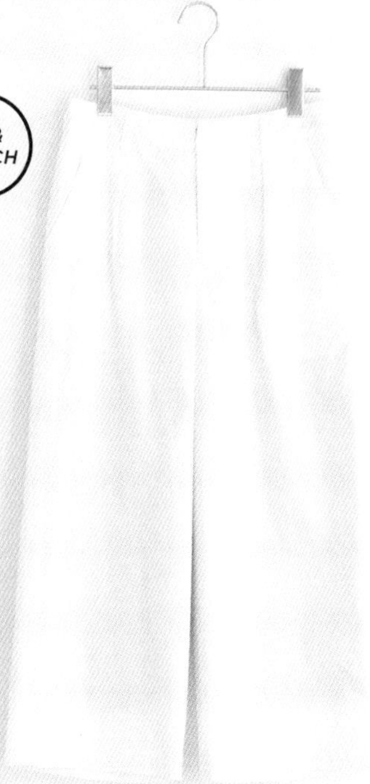

TYPE 1

ホワイトガウチョパンツ

T S XS L O Tw Fe Ma A

意外とバランスのとりやすい中途半端丈。スカート感覚で着られるワイドシルエットは、脚のラインを拾わないので体形カバーにも役立ちます。滑らかな生地や、立体的に見せるタックなど、きれいに見えるポイントをつかんで、おしゃれ格上げを狙って。

TYPE 2

ネイビー
テーパードパンツ

All

腰から裾に向けて緩やかに細くなるテーパードライン、ボトムを立体的に見せるセンタープレス、動きやすいストレッチ素材、上品さが漂うネイビー。最もベーシックで、使いやすいきれいめパンツです。Tシャツからブラウスまで、スニーカーからパンプスまで、どんなアイテムも、どんなスタイルも馴染む懐の深い一本です。

TYPE 3

とろみタックパンツ

T S L O Tw Fe Ma

腰から太ももにかけて、ゆったりとしたシルエットを作るタックパンツ。とろみのある素材を選ぶと、より女性らしい雰囲気に。脚のラインを美しく見せるテーパードシルエットがおすすめです。試着したときに、タックが広がっていたり、もんぺのような見え方をしたりしたら、避けたほうが無難。腰まわりにボリュームが出るので、ヒールでバランスをとって。

TYPE 4

ワイド
クロップドパンツ

T S XS O Tw P Ma A

小柄な方にもおすすめなのが、クロップド丈のワイドパンツです。ヒールシューズはもちろん、スニーカーとも相性がよく、するんっとした生地感のセンタープレスのものを選べば、きちんと感アップも狙えます。フロントはホック、バックサイドはゴム仕様のものが最近は多く見られます。まずは引き締め効果も狙える濃色のものを一本。

着こなし方

スウェットを合わせてカジュアルダウン、
ブラウスを合わせてドレスアップ、
きれいめパンツなら
ルーズになりすぎないスタイルが可能！

T S XS L Tw Ma A

ベーシックなカジュアルコーデ

滑らかな生地感のホワイトガウチョなら上品な印象をキープしつつ、リラックスカジュアルが楽しめます。大切なのは小物選びです。キャンバス素材のスニーカーや布トートを合わせると、たちまちワンマイルウェアに。レザーやファー素材のスリッポン、ハンドバッグできちんと感をプラスして。

T XS Tw Ma

スタイリッシュな白スタイル

オールホワイトの着こなしにシャツとパンプスのブルーを添えた、白を際立たせる着こなしです。同色のアイテムを組み合わせるときは、異なる素材を使用することがポイント。ウール同士、コットン同士でも、まったくの同素材でない限り色にズレが生じて、コーディネートしても美しくありません。素材を変えることで違和感は払拭され、白がきれいに馴染むのです。

T S XS L O Tw Ma A

カジュアルなオフィススタイル

上下ゆったりしたシルエットを組み合わせたとき、どこかに“きちんと感”を加えることがズルズル回避のコツです。ストールで色みを引き締めたり、エナメルのローファーで足元を整えたり。ルーズなシルエットでもきれいめパンツなら、小物をていねいに選ぶことで、お仕事にも対応できる着こなしに。仕上げは袖口。パンツに合わせて手首を露出させることでグッドバランスが生まれます。

T S XS L O Tw Fe

フェミニンなオフィススタイル

とろみのあるブラウスに、コットンのガウチョパンツを合わせて。同じ白でも素材が異なるのできれいに馴染ませることができます。差し色に赤いカーディガンをプラス。このとき、クール＆フェミニンな表情を引き出す、袖を通さないカーディガンの肩かけを。足元はキリッとした雰囲気を作るポインテッドトゥパンプスを添えれば、こなれ感のあるコーディネートの完成です。

アイテムの選び方

基本アイテム❻

FEMININE SKIRT

［スカート］

女性の特権、スカートを上手に取り入れる

普段、パンツスタイル中心のおしゃれをされている方にスカートをおすすめすると、皆さんとても嬉しそうにされます。女性ならではのアイテムなので、スカートを穿くのはワクワクしますよね。

大人の女性がスカートを選ぶ際、まず気をつけたいのは丈です。脚が華奢でもたくましくても、膝まわりは年齢が出やすいもの。膝の隠れる丈がきれいに見えるうえ、上品に見せることができます。腰まわりに自信がないときは、ふんわりギャザータイプを。スカートの広がりが腰まわりを上手にカバーしてくれます。脚を出したくない方はロングタイプがおすすめです。

TYPE 1

ギャザースカート

T S XS L O Tw Fe A

華奢な腰まわりも、ふくよかな腰まわりも、上品にごまかしてくれるタック&ギャザースカート。穿き口から裾に向かって広がるラインが、カバーしてくれます。しかし寸胴に見えやすいため、ウエストまわりが気になる方は避けたほうがいいでしょう。

TYPE **2**

マキシ丈スカート

T S L Tw P Fe

背の高い人向けのアイテムと思われがちですが、小柄な人にもおすすめのマキシ丈スカート。ボトムラインを細く長く見せる効果があるので、ぺたんこ靴を履いてもバランスよくまとまります。タイトすぎずフレアすぎず、ボトムラインを拾わないやわらかな生地感のものを。足首が出る長さがきれいに着られます。

TYPE **3**

チュールスカート

MIX & MATCH

T S XS L O Tw Fe A

人気のチュールスカート。大人の女性が穿くなら、ギャザーの分量が少なめで、張りの少ないしなやかな素材のものがおすすめです。ベージュやカーキなど、明るく落ち着いた色が馴染みもよく、コーディネートもしやすいでしょう。黒や白は主張が強く、ドレッシーになりがちなので注意が必要です。

TYPE 4

デニムタイトスカート

All

デニムパンツはよく穿くけれど、スカートはまったく……、という方にトライしてほしいのが、デニム素材のタイトスカートです。ひらりひらりと裾の広がるスカートとは異なり、ほどよいフィット感とデニムならではの厚手生地が安心感をもたらします。ペンシルシルエットのものが女性らしく、脚もほっそり見えますよ。

ドレッシーな印象を持つアイテムを
カジュアルにシフト。
毎日使えるチュールスカートの着こなしです。

T S XS L Tw A

大人の甘辛ミックススタイル

カットソー、スカート、スニーカーのベーシックカジュアル。学生っぽくなりがちな組み合わせは、アイテムの個性を上手に使ってカバーします。上品な印象のチュールスカート、デザイン性の高いカットソーを合わせることで、ヒネリのある大人めカジュアルに。足元にスニーカーを、顔にはメガネを添えて、力の抜けた甘辛ミックススタイルに。

T S XS O Tw Fe

ワントーンでまとめたコーディネート

モードに偏りがちなワントーンコーディネートも、チュールスカートを加えることで、フェミニンなテイストが加わります。落ち着いた印象に仕上げるコツは、渋い色みをベースにすること。チュールとレース、甘い素材同士の組み合わせもお互いを引き立て合って、やさしく馴染ませることができます。足元はポインテッドトゥのパンプスでピリッと引き締めて。

T S XS L Tw Fe A

ナチュラルなベーシックスタイル

Vネックカーディガン、ボーダーカットソー、スカート。ナチュラルベーシックを主軸としたコーディネートに、チュールスカートをプラスすることで、イメージが一新。旬な要素が加わっておしゃれ感がアップします。足元はヒールシューズでバランスアップ！　主張の強いアイテムを合わせる場合、使用する色数は控えめに。悪目立ちを防ぎます。

ONE POINT

穿き馴れないスカートにも、どんどんトライして

「柄もののスカートに挑戦してみたいけど、ちょっと勇気がなくて……」という方におすすめなのがペンシルストライプのスカートです。細めのストライプなら、抵抗なくトライすることができます。脚のラインにほどよくフィットするタイトシルエットを選べば、スカート特有のひらひら感を回避。スカートを穿き馴れていない方にもトライしやすいタイプです。

基本アイテム ❼

CASUAL PANTS

［カジュアルパンツ］

ラフな雰囲気を作る フレンドリーなパンツ

トップスは種類豊富に持っているのに、ボトムは同じようなシルエットが多い……。そんなことはありませんか？お仕事用のパンツはたくさんあるけれど、いざカジュアルなスタイルを作っても違和感があるのはボトムのせいかもしれません。自分に合ったカジュアルパンツをワードローブに加えてみましょう。

イメージはチノパンを代表する綿パンや、ジャージー素材のイージーパンツです。カジュアル色の強いものですが、パンプスやきれいめトップスとの相性もよく、着まわし力の高いアイテムです。こなれ感のあるきれいめカジュアルもお手の物。一着必携のアイテムです。

MIX & MATCH

TYPE 1

ネイビーコットンパンツ

All

ノータックで、ややゆとりのあるストレートパンツは、大人の女性のカジュアルスタイルに欠かせません。しなやかなコットンで落ち着きのあるネイビーを選べば、上品なスタイルも思いのまま。そのままでスニーカーを、ロールアップしてパンプスを合わせて、表情豊かに着こなして。

TYPE **2**

チノパン

All

永遠のベーシック、チノパン。大人の女性におすすめなのは、ほんのり光沢のある生地でできた、細身のストレートタイプです。素材自体がカジュアルなので、シルエットは上品なものを選びましょう。肌の色に近いベージュの場合は、のっぺりしないようセンタープレス入りのものを。脚を立体的に見せることが大切です。

TYPE **3**

リネンワイドパンツ

T XS L O Tw
Fe Ma A

薄手のリネン素材でラフな表情を持つワイドパンツ。脚のラインが響かないゆったりとしたシルエットで、カジュアル感の中にも清潔感が感じられます。たとえばタイパンツのようにクロスしたデザインなど、ヒネリの効いたアイテムをさり気なくボトムに合わせるだけで、おしゃれ感がアップします。

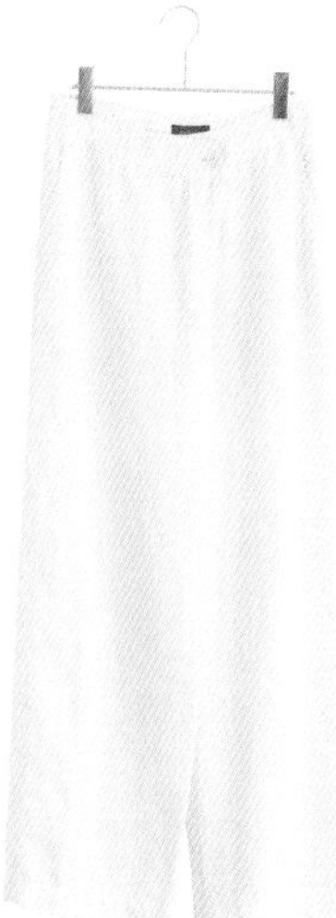

TYPE 4

カットソー
ガウチョパンツ

T S XS L Tw P

Ma A

コットン・レーヨンならではの滑らかな風合いを持ったイージーパンツです。穿き口はゴム。ギャザーがたっぷり入っているので、ロングスカートのような表情が楽しめます。生地をたっぷり使用しているので気になる体形カバーにも。サンダルを合わせてリゾート風の着こなしもお手の物です。

着こなし方

ラフな着こなしからきちんとまで、
懐の深いパンツ。
足元の表情でイメージが一新します。

T XS Tw P Ma A

大人ルーズなカジュアルスタイル

トレンチコートとカジュアルパンツで作るワイドシルエットの着こなしです。ベーシックなアイテム同士の組み合わせですが、ルーズな印象に偏りがち。着こなしにひと工夫が必要です。パンツの裾をロールアップしたり、袖口をたくし上げたりして肌の露出を増やすことでヌケ感を作ります。それだけで、着こなしがぐんと軽やかになります。

T S XS Tw P Ma A

+チェックでトラッド風カジュアルに

チェックシャツとノースリーブニットを効かせて、トラッドテイストのカジュアルスタイルに。パンツの裾はロールアップをしてバランスを整えます。ロールアップの幅は身長、靴で変化するので鏡の前でベストバランスを探して。仕上げはこなれ感を生むメガネで、雰囲気作りもお忘れなく。

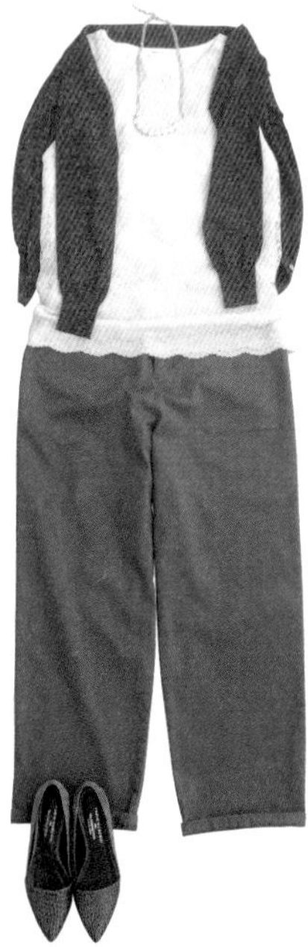

T S O Tw Fe

フェミニンなカジュアルスタイル

コットンパンツにレースのブラウスを合わせて。きれい色のカーディガンや、ポインテッドトゥパンプスをプラスすることでフェミニンな印象が加わります。カーディガンは肩のせ程度で、色をさり気なく効かせて。仕上げにパールのネックレスを合わせて、上質なフェミニンカジュアルに仕立てます。

T S XS L Tw P Ma A

女性らしさ薫るカジュアルスタイル

ボーダーカットソー、カーディガン、コットンパンツ、スニーカー、スタンダードなアイテムで作るミニマムなスタイルです。大人の女性らしく着こなすために、カーディガンは透け感のある素材にスイッチ、袖をまくってヌケ感を作ります。トップスに女性らしさを加えるだけで、定番のカジュアルスタイルも大人仕様に昇華します。

アイテムの選び方

基本アイテム 8

ONE PIECE

［ワンピース］

一枚で着て様になるワンピースを選びましょう

一枚でコーディネートが完成する便利なワンピース。しかし気をつけて選ばないと、手抜きに見えがち。一枚で完成するということは、アイテム選びを失敗したらすべてが台無しということです。

大人のワンピースはシルエット重視。着たときに、真っすぐきれいに落ちるものが、上品に着られるポイントです。「腕は出せないけど何かを羽織ればいいや」とノースリーブを選んだり、「脚は出せないけどパンツと重ね着すればいいや」とミニ丈を選ぶのは御法度。一枚で勝負できるものを選ぶのが正解です。着回していくうえで重ね着などのアレンジを考えましょう。

MIX & MATCH

TYPE 1

ボックスワンピース

(All)

二の腕、お腹、腰、気になる部分をすっぽりと覆ってくれる頼もしい味方。大きな襟ぐり、ゆったりとした身幅、ドロップショルダーで、大人の女性にも馴染みやすいシルエットが理想です。カジュアルな装いはもちろん、アクセサリー使いでドレスアップも変幻自在。

TYPE **2**

シャツワンピース

All

シャツワンピースは、足元がだらしなくならないよう、裾までボタンがあるものを選びましょう。色は、真っ白だとぺったりとした印象になりがちなので、ストライプなどがおすすめです。ボタンをフルオープンにしてガウンに、上にニットを重ねてシャツライクに……と、アレンジがしやすいのも魅力のひとつ。

TYPE **3**

きれい色ワンピース

T S XS L O Tw P Fe

よりフェミニンなスタイルに近づく、きれい色のワンピースはいかが？ノースリーブは着たいけど……という方におすすめなのが、肩から二の腕をさり気なくカバーするフレンチスリーブタイプです。ウエスト部分にゴム＆ギャザーが入っていれば、腰まわりもさり気なくカバーしてくれます。

TYPE 4

レースワンピース

S XS Tw Fe

着こなしが一気に華やぐレース使いのワンピース。お食事やパーティーなど、フォーマルなシーンでも活躍してくれる、ぜひ一着用意したいアイテムです。総レースで存在感たっぷり。華奢な方にもおすすめです。単体で着て、アウターから素材感をのぞかせて、普段使いももちろんOKです。

着こなし方

一枚で着られるワンピースこそが
着回しの効くワンピース！
カジュアルからドレスアップまで
幅広くカバーします。

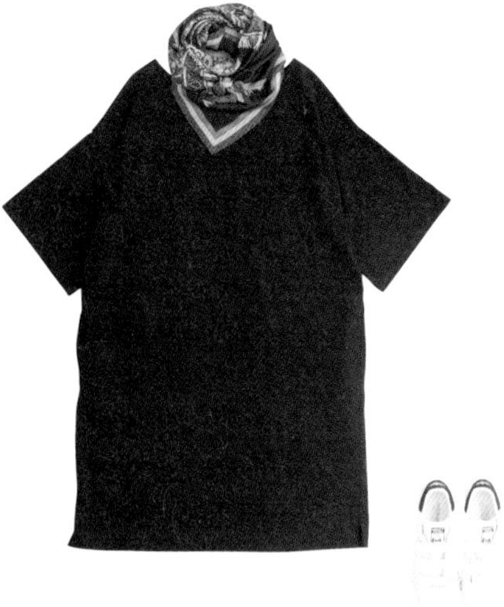

T S XS L Tw P Ma A

スカーフでレトロカジュアルに

スカーフ一枚でワンピースの印象をガラリ、変化させることができます。多色使いのシルクスカーフならレトロな雰囲気が加わります。足元はあえて白いレザースニーカーを。靴色を際立たせることでバランスよく着こなすことができます。スカートとスニーカーの隙間は黒いタイツで統一感を持たせて。パンプスを合わせてレディライクに着こなしても素敵。

T S L Tw Fe

アクセサリーでドレスアップ

幾重にも表情を変えるシンプルなワンピース。ネックレス、クラッチバッグ、パンプスを合わせれば、ドレスアップもお手の物。ネックレスは顔まわりが華やぐパールがおすすめです。差し色として、カラーパンプスを添えることで、こなれ感のあるコーディネートに。黒いパンプスのときは、カラータイツなど、どこかに色のポイントを加えて。

T S XS L O Tw Ma A

+シャツでモノトーンスタイル

ワンピースとシャツの重ね着。ジャストサイズのワンピースでは、ジャンパースカートのような学生風スタイルになってしまいますが、身幅の広いワンピースなら、もたつくことなくきれいにまとまります。シャツの白は少ない分量でもしっかり主張するので、袖口はロールアップして分量を少なく。ワンピース主役の着こなしを心がけて。

T S XS Tw Fe A

フレンチカジュアル

ワンピースをベースにしたフレンチカジュアルです。合わせるアイテムで幾通りにも表情を変えるブラックワンピースにジップアップブルゾンを一枚。シンプルなワンツーコーディネートも品よくまとまります。茶系のハットとパンプスを合わせて、全体をシックに。ブラックのワンピースの場合、つながりが感じられる黒タイツは有効です。

アイテムの選び方

基本アイテム ❾

DENIM PANTS

［デニムパンツ］

何にでも合わせやすい大人カジュアル必携の一本

「デニムを穿いてみたいけど、色もかたちもたくさんありすぎて何を選んだらいいのか分からない」というお客様も多くいらっしゃいます。ストレート、ボーイフレンド、ワイド、スキニー……、確かにデニムパンツの種類は豊富！　まずはご自分の脚に馴染む、テーパードシルエットのものをおすすめします。ぴったりな一本は試着を繰り返して探すほかありません。ノンウォッシュやワンウォッシュの濃色が一本あるといいでしょう。

デニム地は色、織りが立体的なので、きれいなボトムラインを作ってくれます。「カジュアルパンツ」とは違うカジュアルさが楽しめます。

MIX & MATCH

TYPE 1

濃色テーパードデニム

T S XS L Tw P Fe Ma A

下半身にお悩みを抱えている方におすすめなのが、ウエストから裾に向けてゆるやかに細くなるテーパードシルエットのデニムです。濃色タイプを選べば細見えと脚長効果も期待できます。裾はそのまま、またはロールアップ、どちらも表情豊かに着こなせます。

TYPE **2**

ボーイフレンドデニム

T S XS L Tw P
Fe Ma A

少し大きめでダボッとしたシルエットを持つボーイフレンドデニム。緩やかなテーパードラインが特徴です。メンズライクなルックスですが、やわらかな色落ち感やシルバーのボタンなど、こなれ感のあるデザインをセレクト。ロールアップしてヌケ感を作ると、女性らしく着こなすことができます。

TYPE **3**

細身テーパードデニム

T S XS L Tw P
Fe Ma A

色落ち加工が施されたデニムパンツは、脚を立体的に、細く見せてくれる効果があります。ほどよく体にフィットする細身のテーパードの場合、ストレッチ混を選べばよりフィット感が得られ、心地よく着こなすことができます。クロップド丈なら、長めのトップスもバランスよく着こなせます。

TYPE 4

ワイドデニム

T S XS L Tw P
Fe Ma A

ワイドシルエットのボトムも、ここ数年継続して人気です。デニムもワイドタイプがたくさん登場しています。厚地のものは重たくなりがちなので、薄手のデニムを選んで。ウエストはゴムや、ドローコードが穿きやすいでしょう。立体的で美シルエットを作るタック入りもおすすめです。

着こなし方

デニムの藍の色は、
合わせるアイテムを選ばない万能カラー。
ボトムに迷ったらデニム！
濃色テーパードの着こなしです。

T S XS L Tw Ma A

大人のデニムスタイル

カジュアルなデニムパンツですが、濃色のテーパードデニムは上品な着こなしにもよく合います。やわらかなブラウス、やわらかなジャケットで作る大人のデニムカジュアル。「ゆるり」と「かっちり」がほどよくミックスされ、肩肘はらずに楽しむことができます。靴選びも肝心。きちんと感のあるパンプスで、スタイルを整えて。

T S XS Tw Fe Ma

+ボーダーのフレンチカジュアル

永遠の定番スタイルを大人仕様に進化させましょう。ボーダーTシャツ一枚でも素敵ですが、カジュアル度がやや高め。インにシャツを入れるだけでキリッとした表情が加わり、カジュアルな中にもきちんと感がミックスされます。袖はラフにロールアップしてこなれ感を演出。足元もロールアップして、カラーパンプスで女性らしいバランスを意識して。

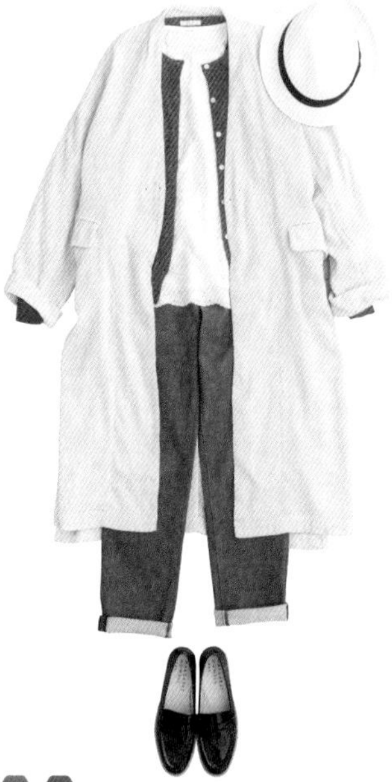

T XS L Tw Ma A

+ガウンのナチュラルスタイル

基本、どんなアイテムとも合わせやすいデニムですが、レースとの相性はとりわけ抜群です。キリッとした表情を持つ濃色デニムと、愛らしいレースのブラウスに、ガウンを添えたナチュラル系スタイル。インにカラフルなカーディガンを差し色としてのぞかせることで、ぼんやりしがちなスタイルを印象的に仕上げます。足元はレザーシューズで引き締めて。

低いヒールは裾長め、高いヒールは裾短めでバランスアップ

ONE POINT

靴のヒールの高さと、デニムパンツの裾の長さにはルールがあります。フラットシューズや低いヒールのときは、裾は長めに。高いヒールのときは、裾は短めにロールアップ。カジュアルすぎない、上品なバランスを作ります。スニーカーのときにロールアップをするとバランスが取りづらいので、裾は折り返さずそのまま穿くのが、おすすめです。

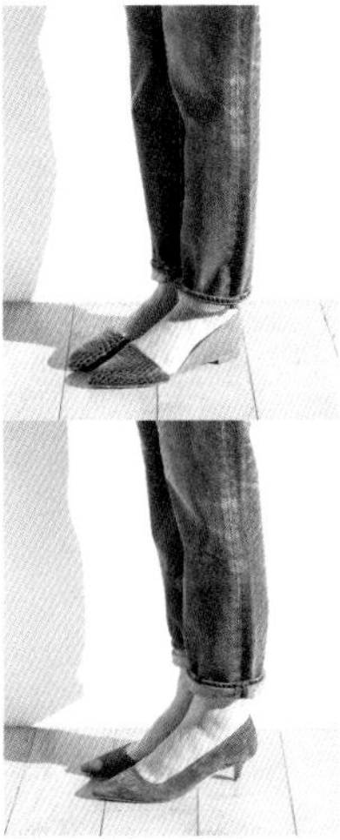

アイテムの選び方

基本アイテム ⑩

JERSEY TOPS

［ジャージートップス］

大人のカジュアルトップス選びは慎重に！

いわゆるロゴトレーナーを大人のおしゃれに転ばせるのは至難の業。デニムパンツなどカジュアルなボトムを合わせたら、たちまちラフになりすぎて、ともすればくつろぎ着のような印象に……。

大人のカジュアルに必要なのは、ジャージートップス。遊びのあるデザインを選ぶことが大切です。身幅にゆとりがあったり、ドロップショルダーだったり、体形を拾わないものがおすすめ。パンチの効いたグラフィックやあしらいが施されたものもよいでしょう。フェミニンなスカートやセンタープレスのパンツを、カジュアルダウンしたいときに役立ちます。

MIX & MATCH

TYPE 1

白スウェットシャツ

All

身幅の広いスウェットの場合、袖の細いものを選べばすっきりした印象に。デコルテをきれいに見せるボートネックも、スウェット特有のスポーツテイストを緩和することができます。クリーンなホワイトなら、清潔感のある着こなしに仕上がります。

TYPE **2**

デザインスウェット

T S L Tw P Ma A

若いころは着こなせていたのに、年を重ねると違和感の出るアイテムは残念ながらいくつか存在します。Tシャツ同様、スウェットシャツもそのひとつ。オーソドックスなプルオーバータイプは、すっきり細身で、腰骨丈のものがきれいに着られます。スタイルを邪魔しない適度なデザインも、おしゃれにランクアップさせる大切な要素です。

TYPE **3**

ロゴプリントカットソー

All

広い身幅、ドロップショルダー、フレンチスリーブ、ボートネックで、上手に体形をカバーしてくれるうえ、カジュアルな中にも女性らしさが漂うデザインです。ロゴプリントは着こなしのアクセントになりますが、大人の女性の場合、メッセージ性の強いものよりも、地名などあまり意味を持たないもののほうがスマートな印象に。

TYPE **4**

デザインカットソー

T S XS L Tw P Ma A

体形カバーにひと役かってくれる、身幅の広いフレンチスリーブタイプです。大胆な柄の配置や、異素材使いでインパクトのあるコーディネートを目指します。黒ベースでデザイン性のあるものは、大人っぽいイメージにまとめやすくておすすめ。落ち感のあるやわらかな素材を選べば着膨れ防止にもなります。

着こなし方

ワンピースやきれいめパンツを、
いつもと違う印象に。
ほどよいヌケ感が心地よい、
大人のカジュアルスタイルです。

T S XS Tw P A

さわやかなスポーティーカジュアル

Vネックニットを重ねるとトラッド風の着こなしになりましたが、スウェットシャツを重ねると、スポーティーな雰囲気に。ボートネックタイプなら、首まわりにゆとりがあるので窮屈に見えません。大人の場合、首元に緩やかさをキープするとすっきりした印象にまとまります。足元はカラフルなスニーカーを素足（またはスニーカーソックス）で合わせて軽快に。

T XS Tw P Ma A

休日のリラックスカジュアル

ワイドシルエットのデニムとスウェットシャツをノーマルにコーディネートすると、ルーズな印象に。そこにシャツをプラスするだけで、着こなしにピリッとしたアクセントを足すことができます。シャツは襟、袖口、裾からバランスよくのぞかせて。カジュアルな装いなので、バッチリメイクや派手なネイルで雰囲気を崩さないよう気をつけて。

T XS S L O Tw Ma A

ハンサムなオフィススタイル

カジュアルなスウェットシャツも、きれいめパンツに合わせるとスタイリッシュな雰囲気に。コーディネートのテイストを左右するボトムの効果です。超ミニマムなスタイリングですが、上品な小物使いが着こなしのポイント！　顔まわりを華やかにするインパクトのあるネックレス、端正な足元を作るエナメルローファーなど、ていねいなアイテム選びを心がけて。

T XS O Tw Fe

フェミニンなオフィススタイル

フェミニンな着こなしもお手の物。張りのあるギャザースカートとスウェットシャツの組み合わせ。スウェットシャツの身幅は広くても、袖がほっそりしているので女性らしいコーディネートにもしっくり馴染みます。シンプルな着こなしに、ひと粒パールのネックレス、クラッチバッグなどレディな小物を添えて、ワンランクアップのスウェットスタイルを。

基本アイテム 11

BORDER TOPS

［ボーダートップス］

アイテムの選び方

ボーダーのトップスは年齢に合わせてアップデート

流行に左右されることなく、スポーティにもクラシカルにもトラッドにも、さまざまなコーディネートに対応してくれるボーダー。細いピッチの横縞は、着こなしにリズムと奥行き感を与え、一枚足すだけで立体的なスタイリングへと導いてくれます。おすすめは、身幅にゆとりのあるドロップショルダーのもの。大人の女性の体形をきれいにカバーしてくれます。

ジャケットのインナーに、ニットの袖口にチラリ……。無地よりおしゃれな印象を作りやすいボーダー。色はまず、真っ白ベースに明るい青縞を一着。この色みが似合わない方はまずいません。

TYPE 1

ベーシックボーダー

All

ザ・ベーシックなデザイン。白ベースに青ライン、肩まわりは無地なので、ボーダー初心者の方にもトライしやすいデザインです。やや広めの身幅で、シルエットはまっすぐ、すっきりとした印象のものが、大人の女性にも着やすくておすすめです。

TYPE **2**

暖色系ボーダー

T S XS L Tw P Ma A

大人の女性の体形カバーにひと役かってくれる、ボートネック×ドロップショルダー×幅広の身幅。オレンジベースに、ネイビーの細ラインが入ることで、鮮やか色一色のカットソーよりも、ぐっとトライしやすくなります。暖色系ボーダーなら、やわらかい印象で着こなせます。

TYPE **3**

寒色系ボーダー

T S XS L Tw P Ma A

よりマニッシュに、ハンサムに着るなら寒色系のボーダーがおすすめ。グリーンとネイビー、同幅のピッチなら色物が苦手でもトライしやすいでしょう。ラウンド裾なら、ボトムイン&アウト、どちらでもきれいに着ることが可能。デコルテラインをきれいに見せる上品な開きのボートネックも大人の女性らしくておすすめです。

MIX & MATCH

TYPE 4

デザインボーダー

All

フェミニンな着こなしが好きな方におすすめなのが、デザイン系のボーダーカットソーです。バルーンシルエットの袖、ボートネック、ゆとりのある身幅は、女性らしいやわらかな印象を作ります。厚手のコットン素材なら、ほどよいカジュアル感も生まれ、いつものスタイルに取り入れやすいでしょう。

着こなし方

一枚で着てもおしゃれ感を演出しやすい、
デザイン系ボーダーの着こなし。
リラックスした雰囲気が漂う、
やわらかいスタイルが楽しめます。

T S XS O Tw Fe

ガーリーなフレンチスタイル

ふんわりとしたアイテム同士を組み合わせると、ルーズな印象になりがち。立体感を生むボーダーを合わせたり、トップスの裾をボトムインにしたりすることで、メリハリがでてすっきり着こなせます。プラス、ベルトでウエストをマークすれば視覚的にアクセントになって、着こなしがピリッと引き締まります。ネックレスやパンプスを足してレディに仕上げます。

T S XS L O Tw Fe

オフィスOK、ボーダーカジュアル

てろり、落ち感の美しいダブル裾のパンツと合わせれば、オフィススタイルも思いのまま。カジュアルなボーダー柄も、コーディネートのテイストを決めるボトムにきれいめパンツを合わせることで、きちんと感がアップします。パールのネックレス、ポインテッドトゥのパンプスを合わせてクラスアップ！　マリンスタイル風のさわやかな着こなしが楽しめます。

T S XS Tw P Ma A

スタイリッシュなカジュアルコーデ

シルエットを楽しむコーディネートです。ふわんとしたボーダーカットソーに、ワイドクロップドパンツをオン。丸みと直線のバランスがきれいな着こなしに。リズム感のあるボーダーや、スニーカーを合わせて軽快さをプラス。鮮やか色のバッグを差し色に、都会的なカジュアルスタイルの完成です。デニムパンツを合わせれば、よりカジュアルな装いに。

T S XS L Tw P Fe

大人モードのリラックスカジュアル

休日のショッピングにぴったりな、リラックス感あふれるスカートスタイルです。帽子とスニーカーに黒を配置して、全身をモノトーンに仕上げることで、大人っぽい雰囲気に。カットソーの裾は全身のバランスを見てアレンジしましょう。インにすると脚長効果が、アウトにするとお腹まわり、腰まわりのカバーが期待できます。

アイテムの選び方

基本アイテム ⓬

SHORT OUTER

［ショート丈のアウター］

グッドバランスの装いに導く
ライトなアウター

ガウチョパンツやワイドパンツなど、シルエットの大きなボトムが最近は人気です。そんなゆったりとしたシルエットを持つボトムと相性のよいのがショートアウターです。コンパクトなショートアウターを一着持っているとよりきれいなバランスを作ることができます。もちろん、大きなボトムだけでなく、細いシルエットのパンツやスカートにも有効。着こなしは軽やかでアクティブな印象にまとまります。腰まわりを隠さないので、女性らしさもアップします。

メインで合わせたいボトムを着て探しに行きましょう。ベストバランスを見つけることができます。

TYPE **1**

ジップアップブルゾン

T S XS O Tw P Fe Ma A

ジップアップブルゾンというと、メンズライクでカジュアルなイメージを持ちますが、襟のないやさしい色みを選べばフェミニンな着こなしにも重宝します。ネックレスやスカーフ、シャツカラーをのぞかせれば、襟元のアレンジも可能。着回し力の高い一着です。

TYPE **2**

デザインジャケット

All

コーディネートの印象を決めるデザイン性の高いジャケット。遊びがありつつも、ジャケットベースなので、きちんと感も与えられます。人気のワイドシルエットのパンツと合わせるなら、前後丈が異なるアシメトリーのデザインや、短い着丈のものなどが、バランスよく着られます。

TYPE **3**

テーラードジャケット

T S XS L O Tw Fe Ma

着こなしにカッチリした印象を加えるテーラードジャケットです。パンツにもスカートにも合わせやすい腰骨丈で、着回し力の高い便利なアイテムです。カジュアル色の強いスウェット素材なら、通勤はもちろん、プライベートタイムにも大活躍。春や秋はアウターとして、冬はコートの下に、スタイルを選ばず使いやすいアイテムです。

TYPE **4**

デニムジャケット

T S XS L Tw P Ma A

一年を通して長く使えるスタンダードなアイテム。暑い時期を除いて重宝します。色はデニムのカジュアルさを上品に転ばすことのできる、ノンウォッシュやワンウォッシュなどのダークカラーを。タイトすぎず、オーバーすぎないサイズ感が使いやすいでしょう。インに薄手のニットをきれいに重ねられることを目安に選んで。

着こなし方

フェミニンからカジュアルまで
幅広い着こなしに対応するショートアウター。
アイテム自体の印象が
コーディネートを左右します。

T XS L O Tw Ma

オフィス対応のカジュアルコーデ

インナーを白で統一した、一見ドレッシーな装いですが、リネンのカジュアルパンツがほどよいリラックス感を誘います。デザインジャケットを合わせたことで着こなしにこなれ感が生まれ、ワンランク上のスタイリングが可能に。オフィスからショッピングまで幅広いシーンで活用できるスタイルです。

T S XS L Tw Ma A

上品なデニムスタイル

ジャケットの持つきちんと感が、カジュアルなデニムスタイルを上品な印象に持ち上げます。ポイントは靴。ヒール付きのオックスフォードシューズなら、きちんと感がアップします。白いレザースニーカーを合わせると、カジュアル感がアップします。足元まで気を抜かないでコーディネートを。

S XS L O Tw Fe

レディな着こなし

黒いボックスシルエットのワンピースにジャケットをオン。身幅の広いジャケットなら、ビッグシルエットのワンピースもきれいに重ねることができます。パールやクラッチバッグで女性らしさをアップ。端正な顔立ちのレザーシューズにソックスを添えて、いまどきな足元作りもいいでしょう。黒いタイツとパンプスを合わせても素敵です。

ONE POINT

アウターよりもインナーとして使いたい大人のスウェットパーカ

若いころは一枚で、重ね着をして、スウェット素材のジップアップパーカをメインアイテムとして活躍させていた方も多いのでは？　しかし年を重ねるとカジュアル感が強く出てしまい、どうもしっくりきません。おすすめはアウターとの重ね着です。効果的にのぞかせることで、ほどよいカジュアル感を加えることができます。

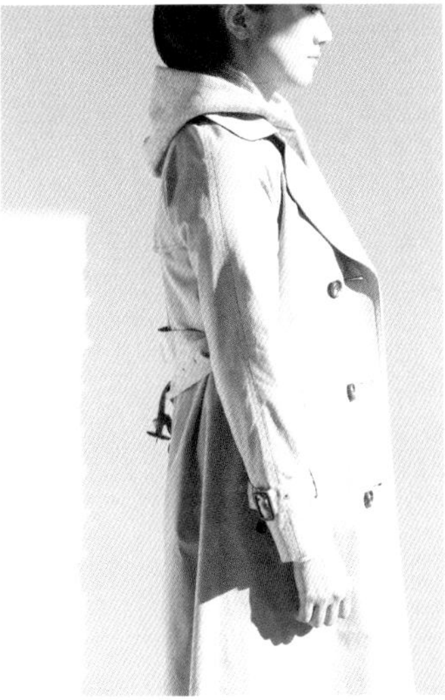

基本アイテム⑬

LONG OUTER

［ロング丈のアウター］

アイテムの選び方

着こなしをスマートに仕上げる使えるアウター

2シーズン、アイテムによっては3シーズン着用できるロングアウター。長く着るからこそ、飽きのこないシンプルでベーシックなデザインを選ぶのが正解。色はいつものコーディネートに馴染みやすいネイビー、ベージュ、オフホワイトを。カラフルなものは、ロングアウターの2着目として選んで。

一枚羽織るだけでコーディネートが決まる、とても便利なアイテムですが、テイストを考えて慎重に選びましょう。ナチュラル派ならガウンやロングカーディガンを、トラッド派ならチェスターやトレンチを。合わせる靴のバランスも抜かりなく！

MIX & MATCH

TYPE 1

チェスターコート

T S XS L O Tw Fe Ma A

オフィスもプライベートも、幅広いシーンで活躍するシンプルなアウターです。ツイードなど光沢感のある素材なら、着こなしに上品な印象が加わります。スカートもパンツ相性も抜群。ボタンを開けてさらっと、閉じてキチッと、表情豊かに着こなせます。

TYPE 2

トレンチコート

All

エレガントにもマニッシュにも使えるトレンチですが、万能選手ではありません。決まりすぎてしっくりこない場合は、ノーカラーや本格仕様でないタイプを選ぶと、カッチリ感が弱まって着こなしやすくなります。定番アイテムなので、裏地やバックルの素材など細部に目を光らせて上品な一着を見つけて。

TYPE 3

ロングカーディガン

T XS L Tw P Fe Ma A

スタイリングにこなれ感を加えるロングカーディガンは、カーディガンとしても、ライトなコートとしても使える便利なアイテムです。いつもの着こなしに一枚足すだけで、女性らしいやわらかな雰囲気がプラスされます。ベルトを足してブラウジングさせれば、また違ったテイストも楽しめます。

TYPE 4

ガウンコート

T S L Tw P Ma A

デニムパンツはもちろん、ロングスカートからワンピースまで、合わせるアイテムを選ばない旬アウターです。カジュアル派には欠かせないアイテムで、ドロップショルダーでゆったりとしたラインのものがやさしい表情を作ります。生地をたっぷりと使い、丈も長いので、袖をロールアップしてバランスよく着こなして。

着こなし方

幅広いシーンで活躍する、
老若男女に人気のチェスターコート。
フェミニンからカジュアルまで、
どんなテイストも自由自在！

S XS Tw Fe

フェミニンなおめかしスタイル

スウィートなレースのワンピースに、メンズライクなチェスターコートをオン。簡単で、おしゃれ度も高い甘辛ミックスの着こなしです。ワンピースの丈がコートより長い場合は10cm程度であれば、バランスよくきれいに決まります。春用のチェスターなら、ライトに着こなすことができます。

基本アイテム ⑬ LONG OUTER ［ロング丈のアウター］

T S XS L O Tw Ma A

オフィスOK、なカジュアルスタイル

ボーダーカットソーとチノパンの真正カジュアルスタイルも、チェスターコートを一枚加えるだけで、きちんと感が格段とアップします。パールのネックレスや、ポインテッドトゥなど上品な小物をていねいに選んで。軽い素材のチェスターならジャケット感覚で着ることができるので、手軽にトライできるスタイルです。

T XS Tw Ma A

ボーイズ風カジュアル

学生っぽいデニムの着こなしを払拭する、チェスターコートの底力。チェックシャツとデニムパンツだけでは、カジュアル感が強くなってしまいますが、チェスターコートをプラスするだけで大人の表情が加わります。コートの袖口とパンツの裾をロールアップして、ラフな表情を加えるのもポイント。

ONE POINT

バリエーションの増えた人気アイテム、チェスターコート

流行を超えて、定番人気アイテムとしてすっかり定着したチェスターコート。カッチリとしたものだけでなく、ドロップショルダー、ゆったりシルエット、コクーンシルエットなど、さまざまなタイプが登場しています。チェスターがどうも馴染まないという方も諦めないで！　きっと似合う一着が見つかります。

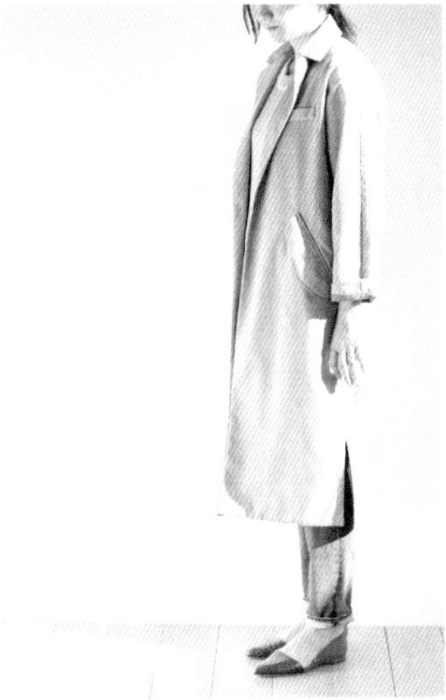

基本アイテム⑭

INNER

［インナー］

隠れた名脇役 選び方は慎重に

せっかく素敵なニットやジャケットを選んだのに、インナーの丈が長すぎたり、ネックラインのバランスが悪かったり、インナー選びに手を抜いてしまうと着こなしの質が下がってしまいます。インナーは、見える面積が小さくても、バランスを整える大事な役割を担っています。

素材は、やわらかくて落ち感のあるものが重ね着もしやすくておすすめ。厚地のコットンや張り感のあるものは響きやすく不向きです。ネックラインは一枚で着てもいやらしくない、適度な開きのものを。身幅はほどよく体に沿ったものがいいでしょう。直接肌に触れるものなので上質なものが気持ちよく着られます。

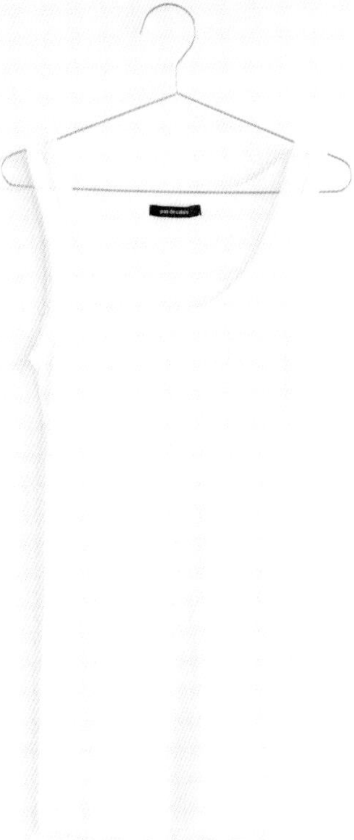

TYPE 1

白いタンクトップ

襟ぐりの大きく開いたニットに重宝するのが、タンクトップです。見えても気にならない素材感のものを選びましょう。フチの折り返しの部分は共布のものが悪目立ちすることがなくおすすめです。屈んだときに下着が見えないよう、胸元はぴったりしているものが理想です。

TYPE 2

ボーダータンクトップ

タンクトップを選ぶとき、ネックラインの開き具合をチェックするのと同じくらい大切なのが、アームホールです。大きすぎると下着が脇から見えてしまいます。ニットはもちろん、シャツのインナーとして活躍するボーダーのタンクトップ。ボーダーの場合、インナーなので主張のないやわらかい色のものを選んで。

TYPE 3

丸襟カットソー

カットソーの素材は、光をやさしく通す薄手のものが女性らしく素敵に仕上がるポイントです。厚手の生地だとカジュアル感が強く出て、学生風の着こなしに偏ってしまいます。ヒップがすっぽり隠れるロング丈の場合、フィット感があれば裾の長さのアレンジも自在。袖は短めだとアウターに響きにくいでしょう。

TYPE 4

キャミソール

ワンピースを着たときに、肩からブラやタンクトップがのぞいてしまっては台無し。女性らしい着こなしを目指すときは、肩ひもが見えてもいやらしくないキャミソールをインナーに。するん、と肌をすべる薄手のコットンやシルク素材が大人っぽく仕上げる秘訣。黒は、一枚持っておくと重宝します。

アイテムの選び方

基本アイテム ⓯

LEATHER SHOES

［レザーシューズ］

着こなしをきちんと仕上げるレザーシューズ

コーディネートの仕上がりを左右するのは靴選びといっても過言ではありません。フェミニンなスタイルにはパンプスを、流行を意識したスタイルにはデザインシューズを、ベーシックカジュアルにはオックスフォードタイプを……。着こなしのテイストに合わせて靴を選べば失敗なくまとまります。フェミニンなスタイルにあえてローファーを合わせたり、カジュアルなデニムスタイルにパンプスを合わせたり、靴選びでこなれ感を演出することも可能。

定番のレザーシューズは、トラッドシューズ、フェミニンパンプスの2足があると、幅広いおしゃれを楽しむことができます。

TYPE 1

黒ローファー

ソールに適度なボリュームを持つローファーは、バランスがとりやすくておすすめ。全体にほっそりとしたシルエットのものが、女性らしい着こなしにもよく合います。スムースレザーよりも、艶感のあるエナメル素材のものが、着こなしにクラス感を与えます。

TYPE **2**

デザインパンプス

ぺたんこシューズはデザインの効いたものを。型押しレザーを使用したポインテッドトゥタイプなら、ほどよくインパクトを与え洋服に負けない足元を作ります。まったくのフラットシューズは歩きにくいので、1～2cm程度、さり気なく、こっそりヒールがあるものを選んで。

TYPE **3**

カラーパンプス

使いやすいのは5cm程度のヒールでしょう。ヒールパンプスはベーシックなデザインのものを選ぶ代わりに、きれいな色のものをセレクトします。ネイビーのパンプスは、黒系、ベージュ系、グレー系、どんな色のアイテムともきれいに合わせることができます。色が浮き立たないスエード素材がおすすめです。

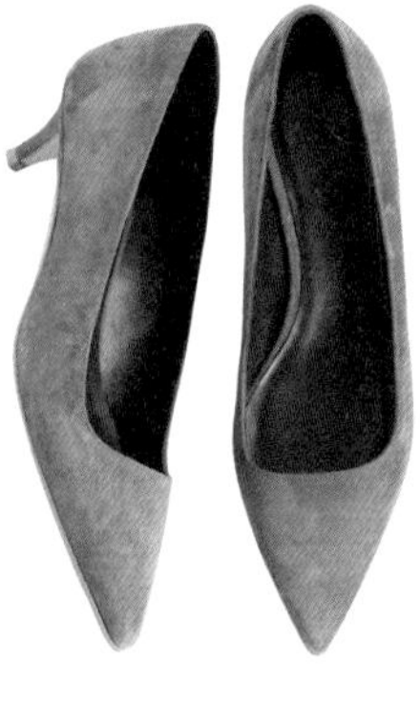

TYPE 4

オックスフォードシューズ

レースアップタイプのオックスフォードシューズは、足元に適度なボリュームを作る白をチョイス。ホールド力が高く、歩きやすい太ヒールなら、パンプスが苦手な方でもトライしやすいでしょう。4.5cmヒールでバランスアップ！　ソックスとのコーディネートもお手の物です。

基本アイテム⑯

SNEAKERS

［スニーカー］

アイテムの選び方

歩きやすくて合わせやすい大人のスニーカー選び

履きやすさ、コーディネートのしやすさ、歩きやすさ、どこをとってもいいとこどりのスニーカー。カジュアルなスタイルはもちろん、きれいめスタイルのハズシとしても重宝します。レザーのぺたんこシューズよりも使いやすいのは、ソールに白が使用されているから。白は膨張色なので、足元にほどよいボリュームを作り、コーディネート全体をバランスよく仕上げる効果が期待できます。

まずはベーシックタイプをひとつ。カジュアルになりすぎることが懸念される場合は、レザーなど素材に着目してみるといいでしょう。スリッポンタイプも有効です。

TYPE 1

白いレザースニーカー

基本の白いスニーカーはレザータイプをチョイス。カジュアル感が強く出てしまうスニーカーですが、レザー素材であれば普通の革靴のイメージに寄せてスタイリングすることができます。カジュアルだけどほどよく上品。ロングスカートやワイドパンツにも合わせやすい一足です。

TYPE 2

スリッポンタイプ

より女性らしい着こなしを目指すときは、足先がほっそりとしたスリッポンがおすすめです。ストリート色の強いキャンバスよりも、上品なファーやスエードが足元をレディに導きます。ソックスを合わせても、タイツを合わせても、素足で履いてもOK。白いソールが適度なボリュームを作ります。

TYPE 3

カラフルスニーカー

多色使いでインパクトのあるデザインも、足元ならすんなりと溶け込みます。ワードローブのベースカラーに沿った色使いなら、違和感なく取り入れることが可能。カラフルな色を取り入れたいけど、洋服ではちょっと……という方にも、インパクト系スニーカーはおすすめです。

TYPE 4

キャンバススニーカー

足元をカジュアルにキリッと引き締めたいときは黒いスニーカーがおすすめ。キャンバス素材でも、黒ならラフになりすぎずにまとめることができます。オーソドックスでシンプルなデザインは、どんなコーディネートにも合わせやすいフレキシブルな一足。ローカットをまずは一足。

COLUMN

わたしがお客様におすすめするアイテム ❶

「カルバン・クライン」のタイツ

タイツといえば黒という方はたくさんいらっしゃいますが、わたしがおすすめするのは、「カルバン・クライン」のチャコール、ファンクショナルグレー、カプチーノの3色です。黒は強い色なので、やさしい印象でまとめたコーディネートに合わせると、脚が悪目立ちして台無しに。かといって、ベージュや明るい色のタイツはハードルが高い……。着こなしに沿った色を合わせる必要があります。

タイツの色はボトムと靴をつなげるもの。間に異なる色を入れるより、ふたつの色をつなげたほうが着こなしに一体感が生まれます

（派手色を使った効かせるタイツの使い方もありますが、ここでは割愛します）。

たとえばベージュのスカートと黒い靴の組み合わせ。何色のタイツを合わせましょう？　靴が黒だから黒いタイツも間違いではありませんが、スカートとの馴染みがよくありません。おすすめはブラウン系。中でも「カルバン・クライン」のカプチーノがぴったりです。スカートのベージュ、靴の黒とも相性抜群。ネイビーのボトムのときはグレー系のチャコールや、ファンクショナルグレーを合わせるとまとまりがいいでしょう。

サポート力は強くありませんが、心地よい穿き心地。光沢感のないマットな質感が大人の足元を上品に彩ります。

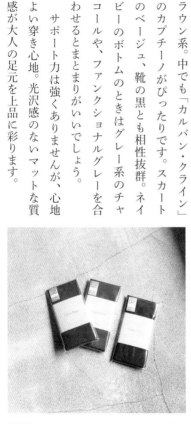

Part 2

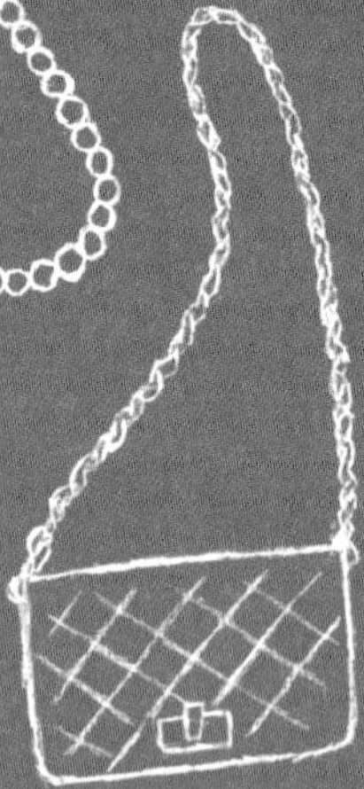

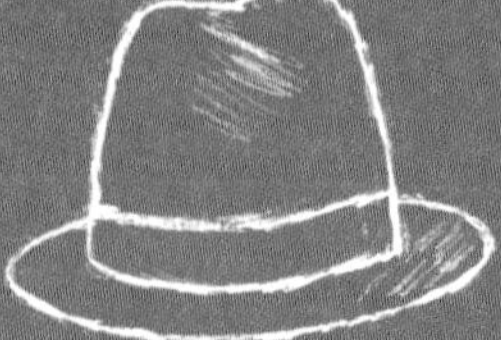

小物の選び方、合わせ方

小物はスタイリングの味付け、個性の出しどころです。
ストールやバッグを上手に足して、自分らしさを加えます。
自分の好きなもの、似合うものの軸を決めて、テイストを絞ることがポイントです。

おすすめアイテム ❶

PEARL NECKLACE

［パールネックレス］

大人の女性に欠かせないパールの輝き

パールのアクセサリーは季節を問わずおすすめしているアイテムです。冠婚葬祭などで使用するパールの一連ネックレスをお持ちの方も多いかと思いますが、エレガントになりすぎてしまうので、普段のおしゃれには不向きです。カジュアルなものがひとつあると、とても重宝します。

　着こなしに華やぎを添えるだけでなく、パールの輝きは大人の女性には必須。朝、しっかりメイクをしたのに夕方になると肌はくすみがち。くすんだ顔色をパールのやわらかな輝きが、明るく見せてくれるのです。パールの色みは純白がいいというわけではありません。顔の近くに合わせたときに、顔色がパッと華やぐものがいいでしょう。

P.103 カジュアルなボーダーを上品に。

P.79 シンプルワンピースに味つけ。

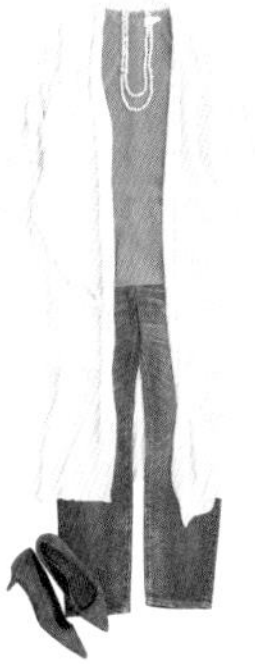

P.32 ブラウスをより上品に導く。

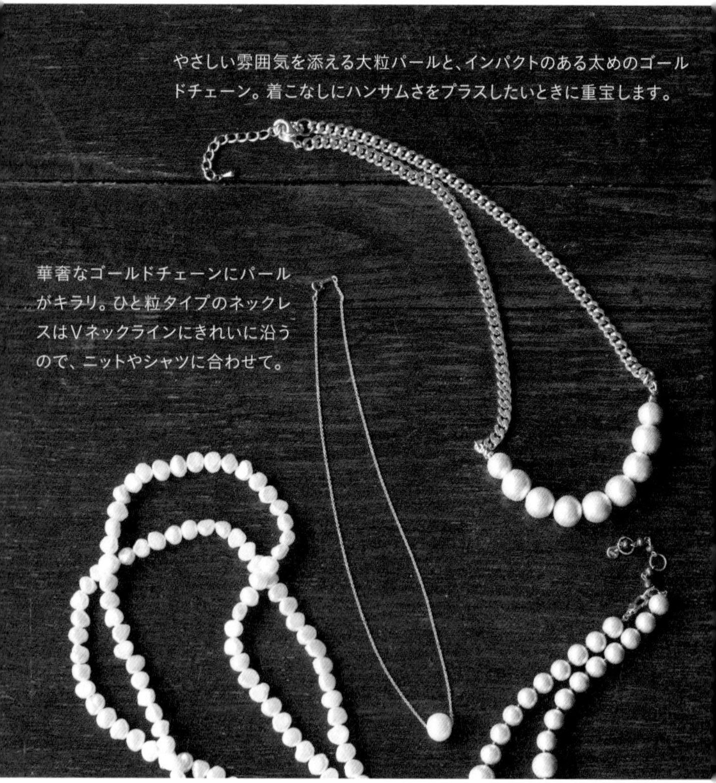

やさしい雰囲気を添える大粒パールと、インパクトのある太めのゴールドチェーン。着こなしにハンサムさをプラスしたいときに重宝します。

華奢なゴールドチェーンにパールがキラリ。ひと粒タイプのネックレスはVネックラインにきれいに沿うので、ニットやシャツに合わせて。

おすすめアイテム❶ PEARL NECKLACE ［パールネックレス］

ロングにも２連にも、コーディネートに合わせてアレンジの効くネックレス。淡水パールの凹凸は、上品な輝きを放ちます。

スタイルに馴染ませやすいイエローがかった光沢を持つパール。デザインの効いたタイプなら、シンプルスタイルも一気に華やぎます。

おすすめアイテム❷

SCARF

［巻きもの］

着こなしの印象を左右する巻きもの

顔の近くに巻くスカーフは、着こなしの印象を大きく左右します。鏡を見る度に目に留まるものなので、お気に入りのものだと気分がいいですね。

大人のスカーフ選びは注意が必要。光沢のある原色系、いわゆるスカーフ柄のものは、着こなしが懐かしい感じに転びやすいので気をつけましょう。どんなに素敵なブランドでも、よく吟味をしないと残念な着こなしに。

巻きものは、しなやかな生地感のものが巻きやすくておすすめです。風合いのいいものは、ラフに巻き付けただけで様になります。厚地のもの、生地の張りが強いものはかたちが作りにくいので避けたほうが無難。思い通りに巻けるか、購入時は試し巻きを！

P.78 ワンピースの印象を劇的にスイッチ。

P.56 柔らかい素材はラフに巻き付けて。

P.40 着こなしにリズムを加えて。

シルクの大判スカーフです。スカーフは小さすぎると、首元が詰まって苦しく見えるので、100×100cmなど、ある程度ゆとりのあるものがいいでしょう。バッグやヘアにも使えます。

ストールは馴染ませるもの、効かせるものの2タイプを持っていると便利。白いシャツやカットソーなど、春夏にかけて使いやすいのが、白ベースの柄ものです。さわやかにインパクトを。

柄のスクエアストールは、大きくてやわらかい素材が使いやすくておすすめです。120×120cmが目安です。正方形なら三角に折って巻くだけで、スタイルが作りやすいのです。

柄ものと合わせて持っておきたい無地のストール。長方形の場合は、90×200cmなど、幅と長さにゆとりがあるものが使いやすいでしょう。無地はのっぺりしがちなので、軽やかな表情のある素材のものを選んで。

アイテムの選び方

おすすめアイテム❸

HAT

［帽子］

着こなしを引き締める便利なアイテム

おしゃれとして取り入れるのは何だか気恥ずかしい、抵抗がある、という方も多くいらっしゃいますが、日よけという名目をたてれば試しやすいかもしれません。帽子は着こなしを引き締める便利なアイテムです。たとえばワンマイルウェアにひとつ足すだけで、スタイリング力が格段にアップします。

試着時は全身鏡でのチェックもお忘れなく。身長に対してツバが広すぎないか、クラウンは深すぎないか、一歩引いてバランスを確認しましょう。

外出先で脱ぐのが難しい……、これは永遠のテーマです。脱がないといけないシーンもあるので、まめに着脱するようにして、ヘアに帽子跡がつかないよう調節するのもおしゃれのうち。

P.120 マニッシュスタイルの仕上げに。

P.105 服の色に合わせてモノトーンで。

P.64 甘さを抑えてピリッと着こなす。

ツバが広く、クラウンが丸い、クラシカルで上品なストローハットは、コーディネートの主役に。美しいフォルムが着こなしにインパクトを与え、ワンランク上のコーディネートに。

ハンサムな着こなしへ導く、小振りなツバの帽子。白地に黒リボンの効いたクラシカルなデザインは、白をベースにした着こなしに合わせやすく、きちんと感を演出することができます。

おすすめアイテム❸ HAT［帽子］

ブリムの先にワイヤーが入っているタイプは、自在にかたちを作りやすく、アレンジがしやすいのが特徴です。ストローとは雰囲気が異なる、ナチュラルなリネン素材も素敵。

着こなしをレディに仕上げる中折れタイプです。ツバが広く、華奢なリボンがついているものを選びましょう。ナチュラルな色みなら、どんなスタイルとも合わせやすい万能タイプです。

おすすめアイテム ❹

SMALL BAG

［小さいバッグ］

アクセサリー感覚でバッグを選ぶ

ポシェット、クラッチ、小さいショルダー。荷物が多い方には、実用性に欠けるかもしれませんが、アクセサリーとしてバッグを持つことは、おしゃれに不可欠。ベーシックなお洋服に、効かせ色や柄もののバッグを合わせるだけで、おしゃれ力がアップします。ただし、荷物が多いからと紙袋との合わせ持ちは厳禁です。ブランドものでも紙袋は紙袋。生活感がにじみ出て、せっかくのおしゃれが台無しに。

バッグを選ぶときは、靴とのバランスが重要です。黒い靴に黒いバッグを合わせると、着こなしが重く沈みがち。黒で合わせるなら、エナメルと表革、スエードと表革というふうに素材を変えると、奥行きが生まれます。

P.112 黒いワンピースを白で引き締め。

P.104 モノトーンの着こなしに差し色を。

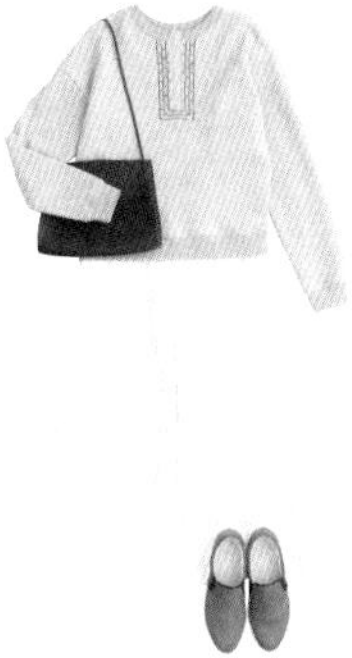

P.54 黒バッグで、カジュアルアップ。

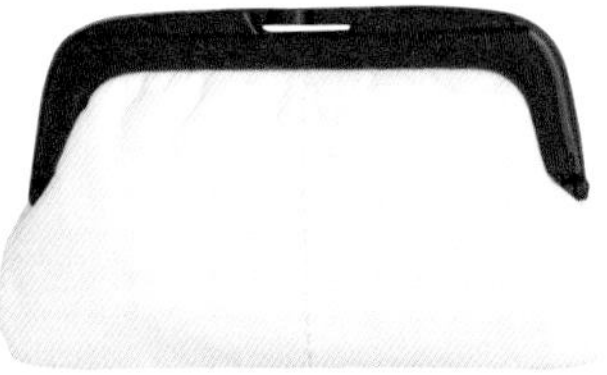

コーディネートをするとき、とても役立つのが白いバッグです。ベーシックカラーのお洋服に効かせ色として、また黒い靴とも相性抜群。クリーンな白が着こなしを引き締めます。

お洋服で大胆な柄を取り入れるのは、少しハードルが高いけど、クラッチバッグなら簡単にトライできます。また、バッグの模様が差し色になって、着こなしにリズムが生まれます。

おすすめアイテム❹ SMALL BAG ［小さいバッグ］

ライトな色のコーディネートのときは黒いバッグで引き締めて。小脇に抱えるショルダーバッグは、女性らしい仕草を生み出します。荷物もある程度収納できて、使いやすく実用的です。

カラフルなバッグは案外、コーディネートがしやすくておすすめです。グリーン、イエロー、ピンクなど、お洋服の色につながりがなくても、効かせとしてプラスすればいいのです。

おすすめアイテム❺

GLASSES

［メガネ］

実用でもダテでもメガネはアクセサリー

シンプルな格好に黒ぶちのメガネをかけるだけで、おしゃれな雰囲気が作れます。しかしごく稀に、メガネをかけると生真面目に見えてしまう方もいるので、万人向けではありません。

いつも使うものだから馴染みのいいものを、という選び方はＮＧです。馴染みすぎて地味さが目立ってしまいます。また、大振りのネックレスやピアスとの重ね着けは、顔まわりがうるさくなるのでＮＧ。

失敗を避けるには、とにかくいろいろ試着をして、全身鏡でも確認すること。顔の形やヘアスタイルまで総合的に見てしっくりくるものを選びます。自分の洋服のテイストに合ったものを選ばないと、メガネだけ浮いてしまうので注意が必要です。

P.94 シンプルスタイルのアクセサリーに。

P.71 トラッド風の着こなしの味付けに。

P.38 着こなしをピリッと引き締めて。

おしゃれ感が出しやすいウエリントンタイプ。フレームが大きめなので、小顔効果も期待できます。まずは黒や濃茶などベーシックカラーのものからトライして。

フレームの大きさ、カジュアル感が苦手な方は、メタルフレームを。光沢のあるシルバーはお堅い人に見えがちなので避けたほうが無難。丸みのあるフレームでやさしく。

おすすめアイテム❺ GLASSES［メガネ］

メイクをしていなくても、メガネでカバーすることもできます。キリッとした印象のスクエアタイプは、着こなしに上品なアクセントを添えつつ、女性らしい雰囲気も作ります。

丸くてかわいらしいフォルムとは裏腹に、かけると知的なイメージが楽しめるボストンタイプ。デザイン過多のものは、メガネの印象が強く残ってしまうので、シンプルなものを選んで。

COLUMN

わたしがお客様におすすめするアイテム❷

「マーガレット・ハウエル アイデア」のウィングチップシューズ

パンプスなどのヒールシューズが苦手。できれば履きたくないという方は多くいらっしゃいます。しかしコーディネートをバランスよく見せるために、靴にヒールがあったほうがいいのは確かなこと。長時間履いていると足が痛くなる、足に合うものを見つけるのが大変、試着だけでは分からないなど、お悩みは皆さん共通してお持ちです。おまけにパンプスとなると足をホールドする部分が少ないので、理想の一足に出会うのは至難の業。靴擦れしたときの足の痛さを考えると、なかなか手も出ませんよね。

そんな方におすすめしているのが、さり気なくヒールのついたオックスフォードシューズです。特に「マーガレット・ハウエル アイデア」のものは、そのよさを一度知ってしまうと虜になってしまうお客様も多く、皆さん長く履き続けていらっしゃいます。

レースアップシューズはパンプスと比べてホールド力が強く、シューレースで調節することも可能。4・5cmの太ヒールは安定感があるので、長時間歩いていても疲れにくく、それでいてきちんとスタイルアップしているのです。

デザインはメンズライクなウィングチップですが、ガラスレザーを使用しているため女性らしい上品な表情も。足の甲のほとんどを覆うデザインなので、パンツと合わせるときは足首が見えるよう、裾にアレンジを加えるとバランスよくまとまります。

Part 3

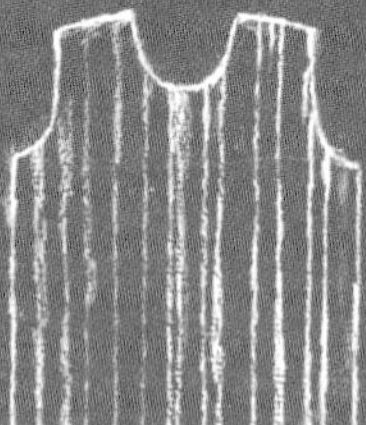

タイプの違う3人をシミュレーション

お客様にお会いして、要望を伺い、コーディネートを提案する、普段わたしが行なっているサービスの一部を再現しました。
外見も生活も好みも違う3名を例にした、スタイリング提案です。

CASE 1

会社員

横山聖子さん（37歳）

赤と紺のコントラストがスタイリッシュ

脚長に見せてくれる直線的シルエットの膝下スカートは、大人カジュアルの強い味方。身長が高い方は格好よくなりがちなので、足元に女性らしいフラットシューズを合わせるのがおすすめ。デニムと反対色の赤のカーディガンを合わせると、ワンランク上のおしゃれが叶います。

オンもオフもうまくいく
少数精鋭のワードローブ

「会社勤めなので清潔感を重視した着こなしが必須」という横山さん。背が高くすっきりとした顔立ちなので、必ずどこかに女性らしさを取り入れ、ハンサムになりすぎないように気をつけました。また、「休みの日のおしゃれを思いきり楽しみたい」というリクエストを受け、一点投入するだけで遊びのある装いが叶う服もチョイス。色白なので、インパクトのある色柄ものもよくお似合いです。

PROFILE

横山聖子さん／165cm
背が高く色白の横山さん。通勤OKの清潔感のあるお洋服をオーダー。

横山さんにおすすめのワードローブ

定番ながらシルエットや素材感にほんのり甘さが宿った服を厳選。
靴は、ビジネスカジュアルに履けるフラット～ローヒールのものを。

デザイン
ボーダーカットソー

ベーシックボーダー

チェスターコート

スタンドカラーシャツ

カラフルカーディガン

大判スカーフ

ローゲージニット

ハイゲージ
カラーニット

CASE 1 会社員 **横山聖子さん**

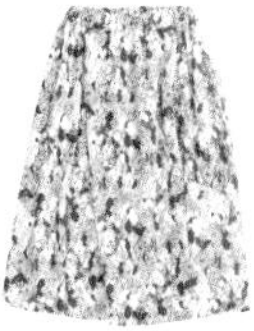
柄スカート

デニムタイトスカート

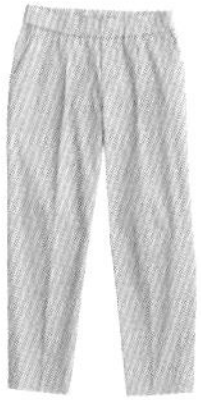
ベージュのタックパンツ

とろみタックパンツ

ミニバッグ

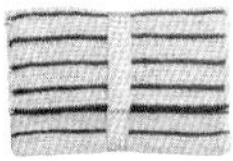
ストロークラッチバッグ

パールのネックレス

デニムスカート

ローヒールパンプス

フラットパンプス

フラットシューズ

カラフルスニーカー

スニーカーはきれいめ服の
ハズシとして履くのがセオリー

大流行のスニーカーは、取り入れない手はないほどの優秀アイテムですが、カジュアルすぎる着こなしは時代遅れ。いまの気分で履くなら、きちんと服のハズシアイテムとして効かせるのが正解です。上下白の組み合わせにスニーカーを合わせれば、都会的でこなれた雰囲気に。

CASE 1 会社員 **横山聖子**さん

パッと目をひく柄スカートが主役の休日スタイル

半袖ニットとミモレ丈スカートの鮮やかな発色が、もともと明るい肌色に映えて、はつらつとした表情作りにひと役！ スカートの柄の中から１色拾ってトップスの色を決めると、統一感が出て自然とまとまりのあるスタイリングに。ウエストを少し高い位置に設定するのがコツ。

カジュアルな着こなしを
+αでオフィス仕様に

ボーダートップスと緩いシルエットのタックパンツに、カッチリ顔のコートを羽織るだけで、ビジネスシーンでも太刀打ちできる洗練スタイルにシフト。首元のパールネックレスがエレガントさを添えてくれるので、上着を脱いでも大丈夫、きちんと感はキープしたまま。

CASE 1 会社員 **横山聖子さん**

シルエットや小物使いに
フェミニンさをひとさじ

気になる二の腕をカバーしてくれるデザインカットソーに、タックパンツを合わせただけ。シンプルなのに、ほのかな女性らしさを感じる秘訣は、付かず離れずの曲線シルエット。上品なパール感を首元に差し込んで、オフィスで必要なきちんと感も十分です。

CASE **2**

フリーランス／ママ

柳本聡子さん（36歳）

やわらかな着心地を堪能できる ルーズ×ルーズな重ね着

ロングにロングを重ねた、いまどきのずるずるレイヤード。肌触りがやさしい服と服との間に、あえてデニムジャケットを挿入。ハリのある素材感とインディゴブルーで全体を締めて、だらしない印象を払拭しました。素足スリッポンでヌケ感を演出して、フェミニンで軽やかな足元に。

ママも子どもも快適に過ごせるやさしい着心地の普段着

3歳の男の子を育てながら、フードスタイリストの仕事もこなす働くママ。「体を動かす職業だから、朝から夜まで気持ちよく過ごせる服を」という柳本さんからのリクエストを叶えつつ、子どもがくっつきたくなるようなやさしい肌触りにもこだわりました。コットンやリネンといったやわらかな素材感が生み出す緩やかなドレープや落ち感が、産後気になりだしたというお腹まわりや二の腕をナチュラルにカバー。

PROFILE

柳本聡子さん／165cm
ママであり、フードスタイリストである柳本さん。着心地のいい服と着こなしを紹介します。

柳本さんにおすすめのワードローブ

メンズっぽいアイテムながら、着たときに体のラインを拾わないゆるっとしたシルエットや動きの出るやわらかな風合いの服を選びました。

ノースリーブニット

チェックシャツ

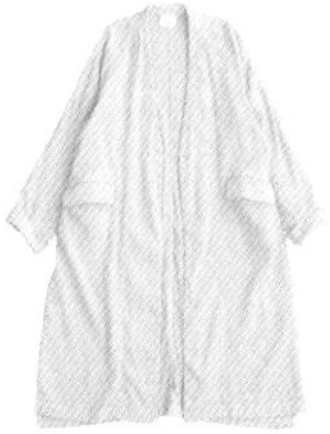
ガウンコート

デニムジャケット

長袖カットソー

デザインカットソー

ボーダーカットソー

デザイン
ボーダーカットソー

CASE 2 フリーランス／ママ 柳本聡子さん

ネイビーコットンパンツ

デニムワイドパンツ

カットソー
ガウチョパンツ

ギャザースカート

チュールスカート

メガネ

リボンベルト

ストローハット

ミニバッグ

フラットシューズ

オックスフォード
シューズ

白いレザースニーカー

スリッポン

ジャストウエストで穿いて
メリハリのある着こなしに

太ももから膝下をすっぽり隠して上品に着られるミモレ丈のスカート。着る人の体形を選ばないマルチさが魅力ですが、バランスを見誤るとおばさん臭くなるので、身長に合わせたジャストな丈を見つけることが重要。少し高めの位置で穿くと、いま風のバランスが手に入ります。

CASE 2 フリーランス／ママ **柳本聡子さん**

ビッグサイズ同士を合わせ
体形カバーをいまっぽく

直線的デザインが格好いいチェック柄シャツと楽な穿き心地のパンツを上下で合わせて、体形を強調しないスクエアシルエットを作りました。裾をロールアップして足首を覗かせ、女性らしい華奢なパーツをアピールすることで、ほっそりとした印象に。

ナチュラル素材を融合して奥行きのあるスタイルを確立

コンパクトトップスとワイドデニムの、上下異なるボリューム感に注目。ニットやストローといったクラフト感のある素材が見事に融合して、着こなしに変化をつけてくれます。足元は、ヒールではなくフラットシューズを合わせるのがいまの気分。低身長の人にもおすすめです。

CASE 2 フリーランス／ママ **柳本聡子さん**

無駄を一切省いた
大人ミニマムな装い

子どもっぽくなるからと敬遠されがちなチュールスカートですが、横に広がらず落ち感が美しいものを選べば、大人かわいく着こなせます。主張のあるデザインのTシャツを、儚く揺れるチュールでほのかに甘く味付けして、ニュアンス感のあるシンプルカジュアルの完成。

CASE 3

主婦

松田綾子さん（44歳）

きっちりウエストボトムで簡単おしゃれに美脚見せ

スタイルに自身がない人にこそ挑戦してほしいのが、細身の膝下丈スカート。コンパクトシルエットのトップスの裾を中に入れ、ウエスト位置をはっきりさせて穿くことで、脚長スタイルに。ヒール靴を履けば、美脚効果も2割増しです。

美スタイル見せも取り入れた最旬カジュアル

日々の家事をこなしやすいリラックス感のあるコーディネートが中心。「身長が高くなく、足の長さや形に自信がないので、流行の服をバランスよく着こなすのが難しい」という松田さんのお悩みは、ワードローブを一点一点正しいサイズ感で選ぶことで解決。腰を高めの位置で設定して脚長に見せたり、足元や首まわりにポイントを作って視線を散らしたりすることで、おしゃれとスタイルアップの両立を狙いました。

PROFILE

松田綾子さん／156cm
専業主婦で、ご主人とふたり暮らし。小柄な方がバランスよく着られる、流行服をご提案。

松田さんにおすすめのワードローブ

時代や性別を超えたベーシックな服を、サイズ感にこだわってセレクト。その分、女性らしい小物を揃えてバランスで足し引きできるようにしました。

ジップアップ
スウェットパーカ

ボックスワンピース

トレンチコート

ベーシックボーダー

Vネックニット

ストライプシャツ

デザイン
ボーダーカットソー

デニムスカート

ワイドクロップドパンツ

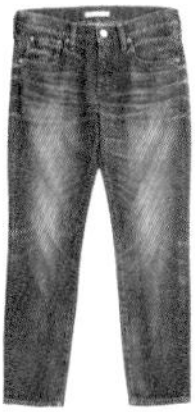

ボーイフレンドデニム

ボーダータンクトップ

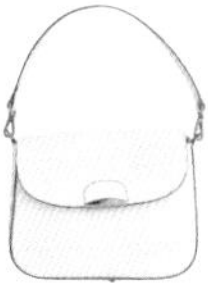

ハンドバッグ

シルクスカーフ

パールのネックレス

カラーパンプス

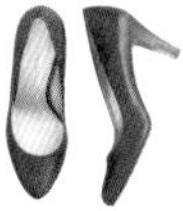

ヒールパンプス

白のレザースニーカー

ジューシィな色み際立つ
青が基調のスタイリング

上下同じ色みで統一したコーディネートの鮮度を引き上げてくれているのは、足元に差したパンプスのオレンジ。反対色で思いきりハズすことで、ひと筋縄でいかない洗練された雰囲気に昇華。デニムパンツの裾を折り返して穿けば、抜け感が出てより脚長に見えます。

CASE 3 主婦　**松田綾子さん**

ゆったりワンピースと
フラット靴の黄金コンビ

基本的に、低身長の方はヒールのほうがバランスを取りやすくなりますが、フラット靴を履きたい日におすすめなのが、リラックス感のあるワンピースとの組み合わせ。全身を黒でまとめたら、スニーカーで少し白を効かせて、大人っぽいモノトーンカジュアルの出来上がりです。

定番服同士の重ね着は
サイジングが一番大切

手軽におしゃれ感が出せる、パーカとトレンチコートのレイヤード。ベーシックな組み合わせこそ人と差がつくから、サイズ選びは抜け目なく。パーカは体にほどよく沿うものを、コートはジャストサイズのものを選ぶのが鉄則です。靴下で印象的な足元を作って、おしゃれ度アップ。

CASE 3　主婦　**松田綾子さん**

シンプルイズベストな甘辛コーディネート

クロップドパンツは、足首が少し出て全身のバランスをとりやすいので、小柄な人にもおすすめ。ヒールを合わせることで、さらにスタイルよく見えます。パンツのクールな持ち味を女性らしいデザイントップスで中和し、1対1の比率に落とし込んだミックス感がポイントです。

COLUMN

わたしがお客様におすすめするアイテム③

「無印良品」のカップ入りチューブトップ

透け感のあるブラウスやニット、カットソーを手にしたお客様から、下着の相談をいただきます。タンクトップやキャミソールが定番かと思いますが、私がおすすめするのは、「無印良品」のチューブトップです。襟ぐりがストレートラインなので、お洋服の下に透けてもネックラインを邪魔しません。Vネックのカットソーの下にタンクトップが透けると、お洋服のVラインとタンクトップのUラインが不調和を起こし、残念な着こなしに。背中にタンクトップのUラインが透けるのも、おしゃれ感が損なわれて、ちょっと残念……。ストレートラインなら下着感が低いので、透けてもいやらしくないのです。透ける服にはベージュの下着も定番ですが、ふとした拍子にベージュが見えてしまうのは、どうしても避けたいのです。

下に重ねたキャミソールからブラジャーの肩ひもが透けて見えるのもガッカリポイント。下着の心配がいらないカップ付きなら、堂々と透けさせることができます。

カップ入りチューブトップは各社から出ていますが、「無印良品」のものはバストラインがナチュラルできれい。パッドは取り外しができるので、好みのものに入れ替えることも可能。また、バストが直接あたる部分はコットンメッシュ素材なので、汗をかいてもパッドが肌に直接あたらないのも嬉しいポイントです。

Part 4

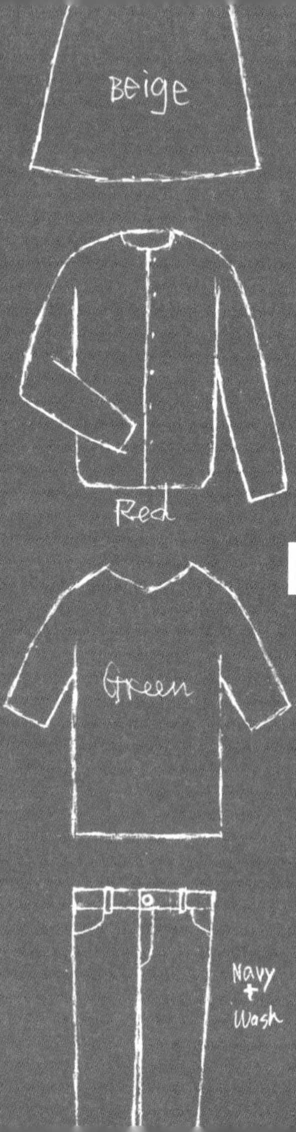

色の選び方、合わせ方

ワードローブの色が偏っていることはありませんか?
ほんの少し色を足すだけで、着こなしの幅が広がります。
「基本の色」と「効かせ色」を上手に組み合わせて。

「基本色」を変える必要はありません。「効かせ色」としてもう一色を選べばいいのです。

「基本色」と「効かせ色」、コーディネートを作るうえで大切なキーワードです。「基本色」とは、ネイビー、ベージュ、グレーなどのいわゆるベーシックカラーで、安心する、落ち着く色のこと。「効かせ色」とは、赤、黄、ピンクなどのカラフルで、気分が上がる、いまを感じさせる色のこと。

色の合わせ方は、「基本色×基本色」、「基本色×効かせ色」の2パターンがおすすめです。「基本色×基本色」の組み合わせは、異なる色の組み合わせ（ネイビー×ホワイト、ホワイト×ブラックなど）と、グラデーションの組み合わせ（グレー×ブラック、スノーホワイト×オフホワイトなど）が考えられます。

「基本色×効かせ色」は、ベージュ×レッド、グレー×イエローなど、個性を出すカラフルな色を取り入れた着こなしです。安心して着られる「基本色」をベースにすることで、自分らしさをキープしながら着こなしを作ることができます。「効かせ色」を取り入れることに抵抗がある方は、組み合わせのコントラストを弱めてみるといいでしょう。たとえば赤いニットに白いボトムを合わせるとコントラストは強く、派手な印象に仕上がりがちですが、赤いニットにベージュのボトムを合わせるとコントラストは弱まり、落ち着いた印象にまとまります。服で「効かせ色」を取り入れることができない方は、バッグやシューズなど、小さな面積でも有効です。

安心できる色も大切ですが、似合う色、好きな色を知っているとコーディネートの幅はぐんと広がります。この章では、色の合わせ方について考えていきましょう。

自分らしさを出す
「効かせ色」

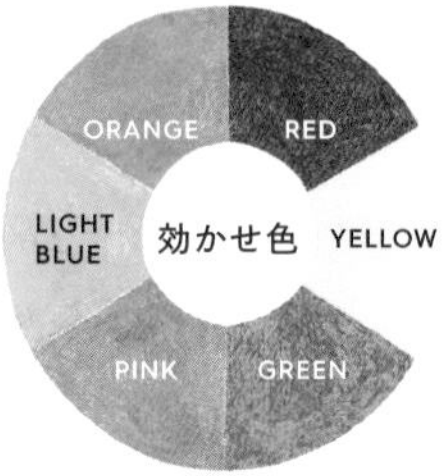

安心して着られる
「基本色」

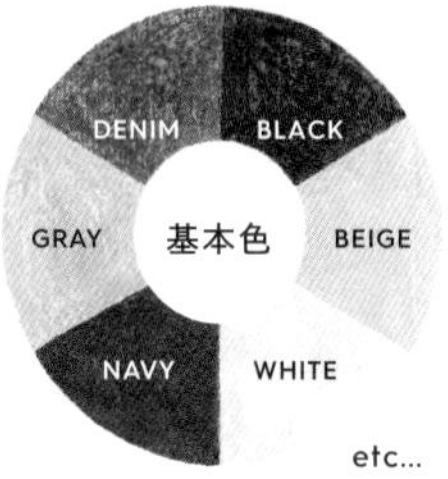

色合わせの基本は「基本色×基本色」と「基本色×効かせ色」

基本色×効かせ色

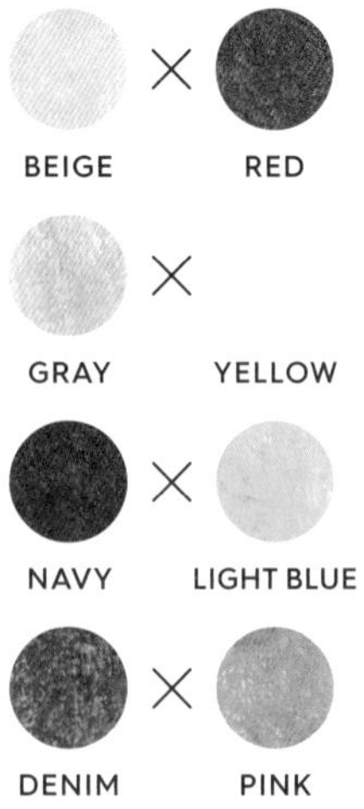

基本色×基本色

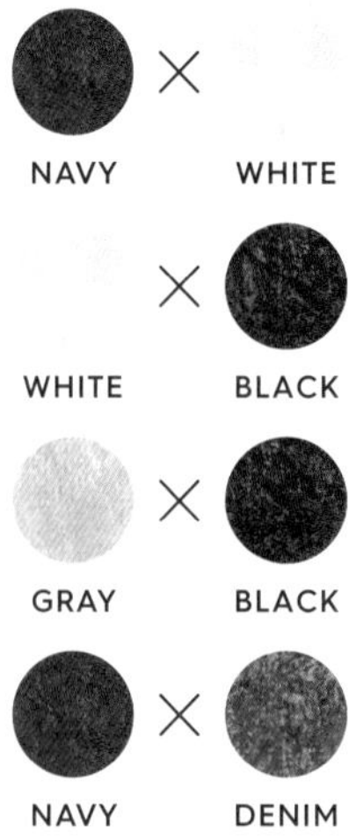

基本カラー ❶

NAVY

［紺］

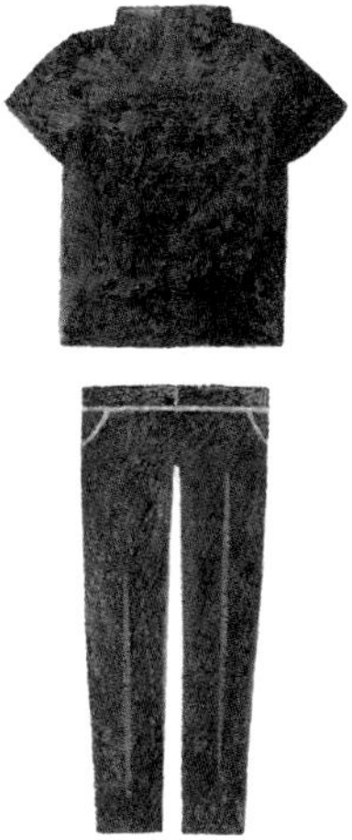

ネイビー × ブラック

シックでモードな雰囲気に

モードよりの色の組み合わせです。黒と合わせるネイビーは、明るめのものがいいでしょう。ダークすぎると黒とトーンが似ているため、微妙に色を間違えた感が拭えません。

Which NAVY look good on you?

コンサバからフェミニンまで、さまざまな雰囲気に対応する懐の深いネイビー。濃紺ならベーシックな装いに、茄子紺なら女性らしいスタイルに、ピリッと効かせるなら瑠璃のような明るい紺を、TPOに合わせて使い分けることができます。

ネイビー × ホワイト

さわやかさ薫るベーシックカラー

カジュアルスタイルを作るなら、白いニットを合わせて。計算のいらない簡単なカラーコーディネートです。白は真っ白からアイボリーまで組み合わせ自在。Tシャツでもかわいくまとまります。

カジュアルからきちんとまで
カバーする万能カラー。

お客様の保有率No.1カラーで、抵抗なく取り入れられる安心色がネイビーです。ベーシックな色なのでカジュアルにもきちんとにも幅広く対応できます。黒では格好よくなりすぎるアイテムも、ネイビーならワンクッション、やわらかさが感じられます。フェミニンにもマニッシュにも使えるきれいめのパンツをまず一本！

ネイビー × ライトブルー

フェミニン&マニッシュ

水色のシャツと相性抜群なのは、ネイビーのボトムです。黒だとスーツ色が強くなるし、ベージュだとぼんやり。お互いの色を引き立て合う、おしゃれな色の組み合わせです。

ネイビー × ベージュ

上品なフェミニンスタイル

きれいめパンツに、ベージュのハイゲージニットを合わせるだけで、どこにでも行けるきれいめスタイルが完成します。とろみのあるブラウスならよりフェミニンに。

基本カラー ❷

BEIGE

［ベージュ］

ベージュ × ホワイト

スタンダードな色合わせ

スタンダードな組み合わせ。相性はいいのですが寂しくまとまりがちなので、小物使いで盛り立てて。上下で生地感を変えるなど、着こなしにメリハリをつけるのも大事。

Which BEIGE look good on you?

やさしい雰囲気のライトベージュ、落ち着いた印象のダークベージュ、モードさを感じるキャメル……、ベージュは色のバリエーションがとても豊富。肌に近い色だからこそ、じっくり選ぶ必要があります。

ベージュ × レッド

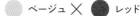

レトロカジュアルな雰囲気

ポップな雰囲気でまとめるなら朱色がおすすめ。華やかさが強調される女性らしいスタイリングに。ソックス×パンプスなど個性的な足元も似合います。

やわらかな女性らしい
雰囲気を作るベージュ。

組み合わせた色の個性を上手に引き出すベージュ。無難な色ではありますが、間違ったトーンを選ぶと老けた印象を与えます。肌色に馴染みすぎてもぼんやりするので、顔から離れたボトムからトライするのがおすすめです。トップスは淡い色よりも、濃い色のほうが失敗なく合わせることができます。

ベージュ × ネイビー

オフィススタイルにもおすすめ

コンサバなイメージで着こなすならネイビー！　オフィスにも対応できる、きちんと感のあるコンビネーションです。誠実な印象を与えます。

ベージュ × グリーン

落ち着いたおしゃれに

パキッとしたグリーンとベージュは、おしゃれ感をアピールできる組み合わせ。カーキよりのグリーンなら落ち着いた印象にまとまります。

基本カラー ❸

GRAY

［グレー］

グレー × イエロー

スタイリッシュなシーンに

難易度高めに見えますが、グレーとパステルは好相性。トップスでは抵抗のある方も、イエローやライトブルーも、スカートなら顔から遠いのでトライしやすいでしょう。

Which GRAY look good on you?

選び方を間違えると、たちまち地味モードに転じてしまうグレー。定番ですが、危険と隣り合わせの色です。ライトグレーならカジュアルに、ダークグレーならマニッシュさを、シルバーグレーならエッジの効いたおしゃれに効果があります。

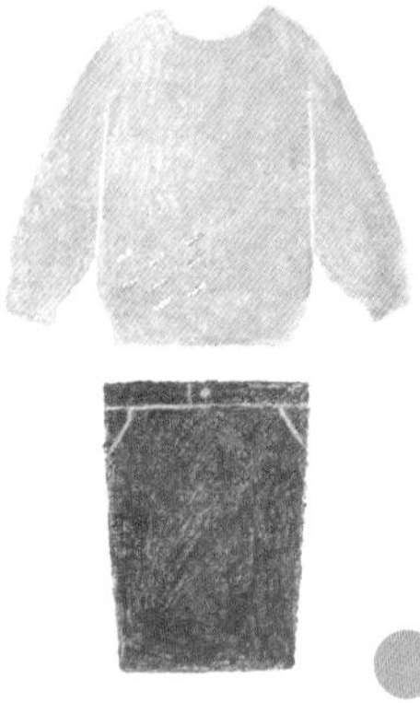

グレー × カーキ

こなれカジュアル

おしゃれな色合わせです。主張しない色同士なので、気合いを入れずに取り入れることができます。ワイドなボトムはメンズライクに、タイトなボトムならフェミニンにまとまります。

ベストグレーが見つかれば、幅広く使える安心色。

カジュアルにもモードにもコンサバにも合う懐の深いグレー。しかし似合うグレーを探さないと、ぼんやり寂しい印象を与える、実は危険な色なのです。自分の肌に馴染むベストグレーが見つかれば、重宝すること間違いなし。

グレー × ブラック

マニッシュスタイル

トップスが明るいグレー、ボトムがブラックは、バランスのとりやすい色合わせです。黒の分量が多くなると重たくなるので、スキニーなど細いシルエットのものがきれいにまとまります。

グレー × ネイビー

カジュアルベーシック

たとえばざっくりニットとガウチョパンツの組み合わせ。グレーとネイビーという、安心色同士のコーディネートなら、ともに流行アイテムでも喧嘩することなくしっくり馴染みます。

基本カラー ❹

WHITE

［白］

ホワイト × ホワイト

白同士のモードカジュアル

全身一色でまとめた着こなしです。オールホワイトの場合、トップスとボトムの素材を変えるときれいにまとまります。黒い靴でモードに、ベージュパンプスでフェミニンに、足元で印象づけを。

Which WHITE look good on you?

キリリ、強さを感じるスノーホワイト、フェミニンなオフホワイト、落ち着きを感じるアイボリーなど、女性らしさの加減を調整できる白。潔さとやさしさ、両方を兼ね備えた色は、他色とのコーディネートも簡単。合わせる色を選びません。

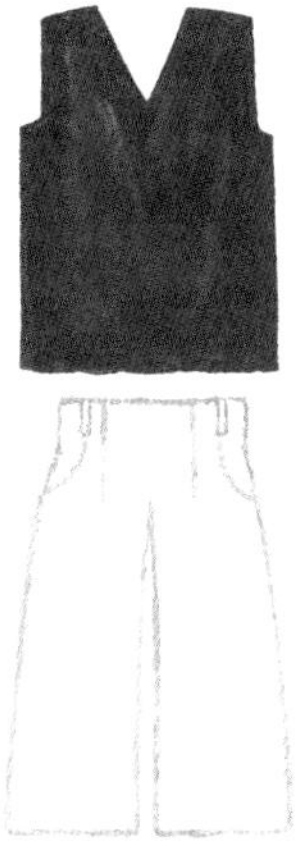

ホワイト × ブラック

モノトーンでしっとりモードスタイル

コントラストの強い着こなしのときは、どちらかの面積を小さくするとバランスよくまとまります。白ボトムの素材に光沢があるなら、トップスの黒にはニット素材を合わせて奥行き感を持たせて。

使いやすい白は、季節に合わせて色みを選んで。

年間を通して使いやすい白は、どんな色とも合わせやすいのが特徴です。クールに決めるときは強い白を、やさしくまとめるときはやわらかい白を効かせて。大人の女性の肌には、蛍光ホワイトよりもアイボリー系の白が肌に馴染みやすいでしょう。

ホワイト × ピンク

大人なフェミニンスタイル

女性らしさが際立つ、白×ピンクの組み合わせ。やわらかなピンクならフェミニンに、強いピンクならモード風の着こなしに。白いパンツを合わせることで、おしゃれ意識高めにも見えますよ。

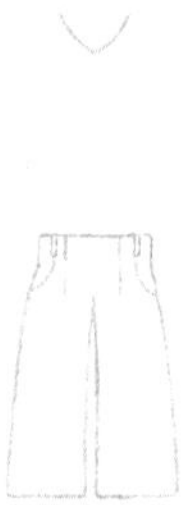

ホワイト × パステルイエロー

やわらかマニッシュ

ピンク同様、女性らしくやわらかな色合わせです。黄色なら甘さは控えめ、フェミニンにもマニッシュにもまとめることができます。強めの黄色ならポップな印象に。

基本カラー ❺

BLACK

［黒］

ブラック × ベージュ

ふんわり軽やかベーシック

強いイメージの黒ですが、ベージュのスカートと合わせると女性らしい雰囲気に。チュールスカートでもパンツでもきれいにまとまります。

Which BLACK look good on you?

スミ黒から漆黒まで、色の濃淡はもちろん、生地で印象が大きく変わります。サテンやガラスレザーなど艶感があると強く、麻やニットなどさらりとした生地だとやさしい印象に。ベースカラーでもあり、主役カラーともなりうる強い色です。

ブラック × ホワイト

隙のないモードフェミニン

白を少ない面積で効かせた、スタイリッシュなモノトーンスタイル。モード感が強く、おしゃれ度も高いので、ヘアメイクも気を抜かないで。

黒は強い色。「取りあえず黒」は控えましょう。

黒はとても強い色なので、多用すると個性的な着こなしに偏ることも。その代わり、深い色でもあるので肌を白く見せてくれる効果もあります。光を吸収する色なので、やわらかなドレープや落ち感が楽しめるニットをベースに、コーディネートを。オールブラックはモード感が強く、おしゃれにまとめるのは難しいので気をつけて。

ブラック × グレー

クールなスタンダードコーデ

トライしやすい、グラデーションスタイル。グレーが黒に近すぎるとぼやけてしまうので、ライトグレーを。きれいめスタイルを作ります。

ブラック × ライトブルー

きれいめカラーと合わせて

ライトブルーやミントグリーンなどのきれい色のボトムは黒ニットに有効。トップスでチャレンジしにくい色も、黒ニットとなら安心感があります。

基本カラー ❻

DENIM

［デニム］

濃色デニム × ネイビー

同系色でまとめた上品カジュアル

デニムは色に置き換えるとネイビー。ネイビーのトップスを合わせて、グラデーションでまとめたコーディネートに。ワンウォッシュなど濃色デニムなら上品なイメージにまとまります。

Which DENIM look good on you?

生地の織りの加減で、奥行き感を演出できるデニム。“大人の女性には濃色デニム”というセオリーもありますが、色落ちやダメージなど加工が施されたものも、脚をより美しく見せる効果が期待できます。

淡色デニム × パステルイエロー

軽やかなフェミニンカジュアル

昔はカジュアル度の強いイメージでしたが、今はフェミニンに着られるライトブルーのデニム。パステル系のトップスを合わせるとより女性らしく。パステルは何色でもOK。好きな色で試して。

淡色から濃色まで、
あらゆるスタイルにマッチするデニム。

定番のデニムですが、その色みは時代に合わせて変化します。昔はカジュアル色の強かったブリーチ系の淡い色のデニムも、今はフェミニンに感じられるように。濃色のデニムも、ウォッシュがかったもののほうが、立体感が出るので大人の女性には特におすすめです。

濃色デニム × ピンク

個性的なスタイリッシュカジュアル

濃色のデニムとヴィヴィッドなピンクを合わせるとスタイリッシュに決まります。今までフェミニンなイメージで使ってきたピンクも、デニムと合わせると主張のある着こなしに。

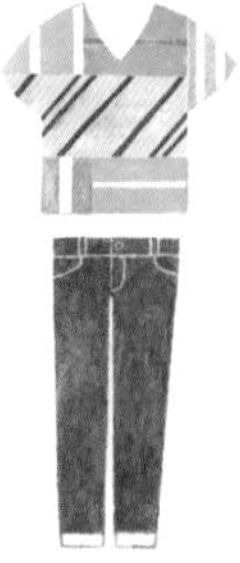

濃色デニム × カラフル

柄ものと合わせてポップに

どんなにインパクトの強い柄でも、丸く収めてくれるのがデニムの凄いところ。濃色のデニムでも、淡色のデニムでも、きれいなカジュアルスタイルを楽しむことができます。

応用編

COLORFUL

［カラフル］

バッグにカラフル

カラフルが似合わなくても大丈夫。ワンカラーコーディネートの効かせ色として、カラフルなバッグをプラス。バッグは自分でもいつも見えるものなので、好きな色だと気分がいいもの。バッグを持って完成する着こなしです。

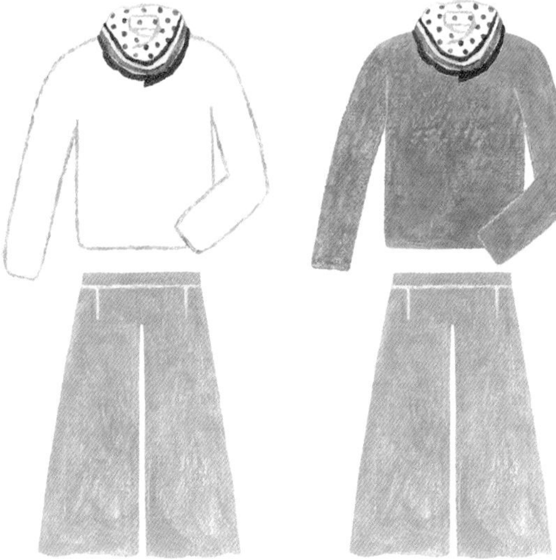

ストールの模様にカラフル

好きな色がなかなか似合わない場合は、ストールの力を借りましょう。柄に好きな色がチラリ。それだけで気持ちが和みます。ストールに使われている色と、トップスの色をリンクさせれば、ストールが浮く心配はありません。

誰にでも似合う、
カラフルアイテムの取り入れ方。

イエロー、グリーン、ライトブルーなど発色の鮮やかなブライトカラー。お洋服でトライしたけど似合わない……、そんなこともあります。でも諦めないで！　靴、ボトム、バッグなど顔から遠い位置で使用するアイテムなら、違和感なく取り入れることができます。

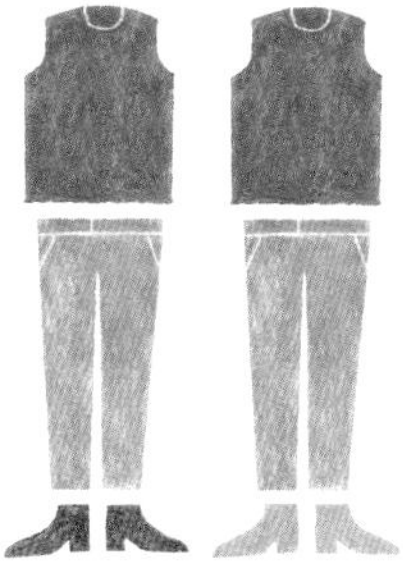

シューズにカラフル

顔から一番離れた足元なら、似合わない色も合わせやすくておすすめです。グラデーションでまとめたコーディネートの差し色に、ビタミンカラーのパンプスをオン。お互いの色を引き立て合う、こなれ感のある着こなしに。

ボトムにカラフル

好きだけど顔映りのよくない色はボトムでトライ。デニムやネイビーのパンツを穿き馴れている人におすすめなのが、ブルーやグリーンなど寒色系のボトム。難易度は低く、抵抗も少ないはず。

よりおしゃれに近づくためのQ&A

お客様からよくいただく質問をいくつかご紹介します。ほんの少し、考え方を変えるだけで、いま抱えているおしゃれの悩みが解決するかもしれません。

Q

洋服は高いもののほうがいいのでしょうか？

高価なものが
必ずいいとは限りません。

確かに価格の高いものにはそれだけのよさがあります。しかしそれだけでは、こなれ感のあるおしゃれには到達できません。

ハイブランドなどの高価なものは、上質で長く愛用できるものもたくさんあります。しかし洋服の中には主張の強いもの、流行を色濃く反映しているもの、独特の個性があるものなど、デイリーカジュアルにおけるいまどき感を作りにくいものも。全体に気合いが入りすぎた感じになり、抜け感が作りにくいのです。よほど個性があり、自分のものにできる人でなければおしゃれ感は出しにくいかもしれません。「安いものはすぐ駄目になるから」と思っている方も多いようですが、考え方次第。「長く着られるからと５万円のブラウスを買うのなら、１万円のブラウスを、その時の流れに合わせて毎年買い替える」。こんな風に考えてみてはいかがでしょう？　永遠の定番も時代に合わせて変化します。その時々のおしゃれを楽しむほうが得策かもしれません。

Q 家で洗えないものは避けるべきでしょうか？

おしゃれの幅を広げるアイテムだけには、例外を作りましょう。

自宅で洗えることは、洋服選びで大切な基準になります。しかし洗えることにこだわりすぎると、質のいいニットや繊細な素材のトップスとは無縁のおしゃれ人生になってしまうことも。上質なアイテムは大人のおしゃれに必須だと考え、スペシャルアイテム枠を作りましょう。「着る度にクリーニングに出すのはちょっと……」という方は、汚れがつきやすい襟ぐりや袖口を、泡立てた食器用洗剤をタオルにつけて、ポンポンポンと叩いて落とせば、クリーニングの頻度を下げることができます。インナーに気を配って、素肌に触れる部分を減らすのもひとつの手です。

Q もっとフリルを着たいのですが……。

かわいいアイテムは
ひとつに限定して、
甘辛ミックスで
取り入れて。

フリル、小花柄、レース、いくつになっても愛らしいものはウキウキしますよね。でも、上も下も愛らしいもので固めてしまうのはトゥーマッチ。年を重ねた女性の肌や体形に馴染まないこともあるので、時には一歩引く我慢も必要です。愛らしいアイテムは小物を含めて、全身の中にひとつだけに。そのほかのアイテムはシンプルなものにして、いわゆる甘辛ミックスにするのがおすすめです。お気に入りの愛らしいアイテムがより際立ちますよ。

Q 年に2回のご招待セールで控えるべきアイテムは？

「いつか着るだろう」アイテムを着る日は来ません。

大手アパレルメーカーのファミリーセール。招待状がなければ入場できないという特別感や、大きい会場で開催される高揚感がおしゃれ心を狂わせます。OFF率が高いお得感から、「いつか着るだろう」アンテナが発達し、不要なものまで買い込んでしまうことも。「いつか」は残念ながらなかなか来ません。しかし、お買い得な商品もきっとあるはず。冷静な心になってセールと向き合って。

Q 定番アイテムだけで流行は作れる？

流行アイテムも取り入れる間口を広げましょう。

スタイルを持つことと、固執をすることは似ているようで違います。自分に合う新しいものを見つける間口を広げることも、時には必要です。たとえば、ベーシックアイテムに今どきバッグを足すだけで印象は変わりますよ。

Q ダイエットに成功したので、若いころのボディコンを着てもいいかしら？

年相応のセクシーを目指しましょう。

体のラインがピッチリ出る服や、短い丈のスカートを穿きたい気持ちも分かりますが、若作り感も否めません。自分のしたいファッションをするのが一番ですが、似合っているかどうかも大切です。タイトな服を好んで着ていたあのヴィクトリア・ベッカムも、40代になってミニスカ・ボディコンを卒業したのだそう。年齢に合わせてファッションをアップデートする勇気は大切ですね。

Q 昔の服がたくさんあるので、いま風にコーディネートしたい。

手持ち服だけでいま風のおしゃれに見せるには、限界があります。

学生時代の服、昔旦那さまに買ってもらった服、清水の舞台から飛び降りて購入したン十年前のブランド服……。昔のものを大切にするのは素敵ですが、それを何となく着続けるのは御法度。ベーシックと呼ばれるアイテムも、時代に合わせて少しずつシルエットが変わっています。

撮影協力

ア	アデュー トリステス／ロワズィール	03-6861-7658
	ウォッシュ たまプラーザ テラス店	045-904-3821
カ	CA4LA プレスルーム	03-5773-3161
	銀座ワシントン銀座本店	03-3572-5911
	クロスワード（ビュル デ サボン／ユニ）	03-3481-5018
	ゲストリスト	03-6869-6670
	コンジュ ペイエ アデュー トリステス	03-6861-7658
	コンバースインフォメーションセンター	0120-819-217
タ	タビオ	0120-315-924
	TLIP ルミネエスト新宿店	03-6380-5156
ナ	ナチュラリ ジュエリ 新宿高島屋店	03-3351-5107
	ネストローブ表参道店	03-6438-0717
	ノンブルアンペール 吉祥寺パークストア（路面店）	0422-26-8300
ハ	バウエンズ（フィグ ロンドン）	03-5465-0447
	pas de calais 六本木	03-6455-5570
	フラッパーズ	03-5456-6866
	プレインピープル青山店	03-6419-0978
	ポルテ デ ブトン	03-6277-2973
マ	モーダ・クレア	03-3875-7050
ヤ	ユニクロ	https://www.uniqlo.com

植村美智子（うえむら みちこ）

文化服装学院卒業後、アシスタントを経て1996年にスタイリストとして独立。2010年より個人向けファッションコーディネートサービス「Liltin'｜リルティン」をスタート。「ワードローブチェックコース」や「ショッピング・ツアーコース」など、デイリーに役立つプロ目線のアドバイスに定評があり、13年間で約600人の顧客へサービスを提供。雑誌、新聞、テレビなど多数のメディアで取り上げられている。

Liltin' ファッションコーディネートサービス　https://liltin.com

植村美智子 ホームページ　https://uemuramichiko.com

staff

ブックデザイン　後藤奈穂

写真　中島千絵美

ヘアメイク　Natsu

イラスト　米山夏子

編集　日野晴未

取材　白﨑寛子

本書は『洋服の選び方 自分に似合う、洋服のかたちと色がわかる』(2016年小社刊)を再編集し、文庫化したものです。本書の記載は2016年の情報に基づいております。

マイナビ文庫

洋服の選び方

自分に似合う、洋服のかたちと色がわかる

2024年6月26日　初版第1刷発行

著　者　　植村美智子
発行者　　角竹輝紀
発行所　　株式会社マイナビ出版
〒101-0003　東京都千代田区
一ツ橋2-6-3 一ツ橋ビル 2F
TEL　0480-38-6872(注文専用ダイヤル)
TEL　03-3556-2731(販売部)
TEL　03-3556-2735(編集部)
MAIL　pc-books@mynavi.jp
URL　https://book.mynavi.jp

印刷・製本　中央精版印刷株式会社

ISBN 978-4-8399-86322